채용의
교과서

워크북
WORK BOOK

채용의 교과서
워크북
WORK BOOK

초판 1쇄 발행 2024년 7월 10일

지은이 이병철
펴낸이 장길수
펴낸곳 지식과감성#
출판등록 제2012-000081호

교정 및 편집 지식과감성#
마케팅 김윤길, 정은혜

주소 서울시 금천구 벚꽃로298 대륭포스트타워6차 1212호
전화 070-4651-3730~4
팩스 070-4325-7006
이메일 ksbookup@naver.com
홈페이지 www.knsbookup.com

ISBN 979-11-392-1971-5(13320)
값 18,000원

- 이 책의 판권은 지은이에게 있습니다.
- 이 책 내용의 전부 또는 일부를 재사용하려면 반드시 지은이의 서면 동의를 받아야 합니다.
- 잘못된 책은 구입하신 곳에서 바꾸어 드립니다.

지식과감성#
홈페이지 바로가기

채용의 교과서

이병철 지음

워크북
WORK BOOK

즉시 활용 가능한 채용서식 96가지와
적합성 판단을 위한 Killer Question 92개

지식과감성#

프롤로그

한 사람을 채용하여 정년까지 평균 유지비용은 연간 1억 8백만 원(한국납세자연맹 자료)이고 28년간 30억이 든다. 그러므로 채용 업무는 사내에서 가장 비싼 투자임에 틀림없는데 정작 올바른 방식을 공부할 기회는 거의 없고 인사담당자나 최고경영자는 단순히 '채용 활동 = 구인 광고'라고 하는 잘못된 인식을 갖고 채용 활동을 실시하기 때문에 대부분 실패하고 있다. 또 고용의 미스매치Mismatch는 기업 측만이 아니고, 지원자도 불행하게 만들어 버린다. 즉, 회사가 올바른 채용 활동을 하지 않아 우리나라의 구직자도 수십 번의 탈락을 경험하게 되어 그들을 불행하게 만들어 버리고 있다. 필자는 이런 우리나라의 현상을 조금이라도 바꾸고 싶다는 생각에 채용의 교과서 및 워크북을 집필하게 되었다.

이 워크북이 쓰인 목적은 다음과 같이 각 기업의 채용원칙 수립을 돕기 위해서이다.

1. 이 워크북은 회사가 채용에 임하는 자세나 채용 기준, 전형 준비, 적합인재 유인, 서류전형, 면접전형 등 차별화된 채용 활동과 관련 양식을 포함하였다. 채용에 대한 깊은 이해가 없어도 보다 빠르고 쉽게 채용 프로세스를 이해할 수 있을 것이다.

2. 이 워크북은 귀사(기관)의 채용 업무뿐만 아니라 적합한 인재를 확보하는 데 실질적으로 도움을 주기 위한 내용으로 구성되어 있다.

3. 이 워크북은 적합한 인재를 선발하기 위한 채용원칙이 필요한 독자들에게 새로운 사상이나 체크리스트 또는 사고의 틀을 제공한다.

이 워크북을 읽으면서 당신은 하나의 공통된 테마를 발견하게 되는데 그것이 바로 채용원칙이다. 채용 과정에 참여하는 사람이 여러 명이면 일관성을 유지하기 어렵다. 조직은 모든 참가자들이 일관된 입장을 견지할 수 있도록 최선을 다해야 한다. 일관성을 높이기 위한 기본적인 방법 하나가 일련의 채용원칙들을 개발하고 전파하는 것이다. 원칙은 사람들이 특정 상황을 어떻게 처리해야 할지 긴가민가할 때마다 되짚어 볼 수 있는 길잡이 역할을 한다.

채용 실패는 널리 퍼진 문제다. 피터 드러커를 비롯한 경영 전문가들은 최근 관리자들의 채용 성공률이 30퍼센트 정도에 불과하다고 평가한다. 나머지 70퍼센트의 실패로 인한 시간과 에너지 낭비는 심각하다. 잘못된 채용의 피해는 조직에 심각한 손실을 끼친다. 그러나 잘못된 채용은 피할 수 있는 문제이기도 하다.

이 워크북의 목표가 바로 그것이다. 경영자 또는 관리자에게 가장 중요한 문제, 즉 사람 문제에 대한 해결책을 제시하는 것이 이 책의 목표이며 우리의 목표이다.

2024년 7월
시너지컨설팅 대표컨설턴트 이병철

목차

프롤로그 • 5

PART 01 회사를 변화시키는 첫걸음 채용

- 서식1-1 일반적인 선발 단계 — 10
- 서식1-2 채용 절차 — 10
- 서식1-3 지원자가 기업을 선택하는 기준 — 11
- 서식1-4 채용 전형 단계별 고려 사항 및 주요 활동 — 11

PART 02 조직의 미래를 책임지는 면접관

- 서식2-1 이미지가 좋았던 면접 vs. 이미지가 안 좋았던 면접 — 14
- 서식2-2 면접관의 요건 — 14
- 서식2-3 우수한 면접관 vs. 부족한 면접관 — 15
- 서식2-4 평가의 오류 및 대책 — 15
- 서식2-5 효과적인 면접을 위한 DO & DON'T — 16

PART 03 채용원칙 중심의 전형 설계

- 서식3-1 전형 프로세스 수립의 4단계 — 20
- 서식3-2 신규 충원 인원 파악 및 채용 수요 조사 — 20
- 서식3-3 채용 의뢰서 양식 — 21
- 서식3-4 채용 인원 산정 및 승인 — 22
- 서식3-5 채용 계획 수립 검토사항 — 22
- 서식3-6 채용 프로세스의 이해 — 23
- 서식3-7 채용 프로세스 설계 및 평가 요소 선정 매트릭스 — 24
- 서식3-8 전형 프로세스 설계 시 고려 사항(일정 및 대상 인원 결정) — 25
- 서식3-9 전형 프로세스 설계 작성 예시 — 26
- 서식3-10 전형 프로세스 설계 양식 2 — 27
- 서식3-11 전형 프로세스 설계 양식 2 작성 예시 — 27
- 서식3-12 전형별 평가도구 — 28
- 서식3-13 채용 프로세스 설계 시 고려 사항 — 29
- 서식3-14 채용 프로세스 설계 시 평가 방법 고려 사항 — 29
- 서식3-15 채용직무기술서 작성법 — 30
- 서식3-16 채용직무기술서 예시-1 — 34
- 서식3-17 채용직무기술서 예시-2 — 35
- 서식3-18 NCS 기반 채용직무기술서 — 36
- 서식3-19 면접 전 확인 시트 — 39
- 서식3-20 채용 계획 수립 시 편견요소 배제 — 39
- 서식3-21 채용 단계별로 공정성 확보를 위한 내용 — 40

PART 04 적합한 인재 유인하기

- 서식 4-1 채용 공고 및 지원자 모집 프로세스 … 42
- 서식 4-2 채용 공고 필수 요소 … 43
- 서식 4-3 채용 공고 샘플 … 44
- 서식 4-4 홍보 방법별 주요 특징 … 47

PART 05 선별 도구로서의 입사지원서

- 서식 5-1 서류전형 준비 시 고려 사항 … 50
- 서식 5-2 서류전형 프로세스 … 50
- 서식 5-3 서류전형 평가도구 확인 … 51
- 서식 5-4 서류전형 평가도구 선택 … 52
- 서식 5-5 입사지원서 개발 … 52
- 서식 5-6 입사지원서 개발 예시 … 53
- 서식 5-7 입사지원서 개발 예시 2 … 55
- 서식 5-8 입사지원서 개발 시 유의 사항 … 59
- 서식 5-9 자기소개서 개발 … 59
- 서식 5-10 다중질문형 자기소개서 개발 예시 … 61
- 서식 5-11 단일 질문형 자기소개서 개발 샘플 2 … 62
- 서식 5-12 경력(경험)기술서 개발 샘플 … 63
- 서식 5-13 개인정보 취급 및 이용에 관한 동의서 예시 … 64
- 서식 5-14 서류 접수 준비(온라인 시스템) … 65
- 서식 5-15 서류 접수 준비(e-mail 또는 우편) … 65
- 서식 5-16 서류 접수 시작 … 66
- 서식 5-17 서류전형 평가 방안 … 67
- 서식 5-18 서류전형 평가도구 설계 … 67
- 서식 5-19 정량 및 정성적 입사지원서 및 자기소개서 평가 … 68
- 서식 5-20 정량적 평가 … 69
- 서식 5-21 정성적 평가 … 69
- 서식 5-22 이력서의 확인 포인트 … 70
- 서식 5-23 신규채용 지원서의 확인 포인트 … 71
- 서식 5-24 경력기술서의 확인 포인트 … 72

PART 06 체계적이고 과학적인 면접

- 서식 6-1 면접전형 유형 … 74
- 서식 6-2 주요 면접 방식별 특징 … 74
- 서식 6-3 구조화 정도에 따른 특징 … 76
- 서식 6-4 면접 무엇을 측정할 것인가? … 77
- 서식 6-5 채용을 위한 인재상의 변화 … 78
- 서식 6-6 ATOM 채용모델 … 79
- 서식 6-7 구조화된 면접의 특징 … 79

서식	제목	페이지
서식 6-8	면접전형 개발 프로세스	80
서식 6-9	synergy assessment mix matrix model	82
서식 6-10	측정지표의 타당성 확인	83
서식 6-11	면접 Role play 시나리오	84
서식 6-12	면접전형 프로세스별 체크 시트	89
서식 6-13	면접 질문 개발	91
서식 6-14	면접 질문 개발 프로세스	92
서식 6-15	NCS 기반 공정채용면접 문항개발 프로세스	92
서식 6-16	면접 문항별 평가적용 가능성	93
서식 6-17	역량기반 평가과제(질문) 개발 프로세스	93
서식 6-18	내용에 따른 질문 유형	94
서식 6-19	질문의 형태	94
서식 6-20	표준 질문 개발 원칙	95
서식 6-21	면접 질문의 구조 이해(주 질문과 탐침 질문)	95
서식 6-22	탐침 질문 예시	96
서식 6-23	표준 질문 모형	97
서식 6-24	ATOM Fit	98
서식 6-25	ATOM 질문 샘플	98
서식 6-26	면접 질문 개발 시트	118
서식 6-27	효과적인 질문 vs. 부적절한 질문	119
서식 6-28	피해야 할 질문 구조	119
서식 6-29	직무 연관성이 없으며 사생활 침해의 오해를 줄 수 있는 질문	120
서식 6-30	면접관들이 빠지기 쉬운 편견이나 오류	121
서식 6-31	ATOM 기반 면접평가표 A type	122
서식 6-32	ATOM 기반 면접평가표 B type	123
서식 6-33	4점 척도 평가표	124
서식 6-34	단어 그림	124
서식 6-35	지원자 평가 스킬	126
서식 6-36	지원자 평가 척도	127
서식 6-37	평가 기준 선정 방법	128
서식 6-38	전형 단계별 합격/불합격 안내문 샘플	129

PART 01

회사를 변화시키는 첫걸음 채용

인재 채용 지침서
채용의 교과서
WORK BOOK

01 PART 회사를 변화시키는 첫걸음 채용

서식1-1 일반적인 선발 단계

모집은 채용할 직무에 적합한 인재를 모으는 과정이지만, 선발은 채용할 직무가 요구하는 기술, 능력, 적성을 가진 자 중 가장 적합한 자를 뽑는 과정이다. 즉 선발이란 모집된 지원자 중 직무요건에 가장 적합한 자격을 갖추었다고 인정되는 사람을 선택하는 과정을 말하는 것이다.

선발 단계	목적	기술·연구개발직	사무직
서류 전형	• 지원자들의 최소 지원요건 파악 자격 사항 등 • 필기전형을 위한 심사 Screening 절차 실시	• 지원자가 적고, 작성 내용에 대한 질적 평가가 중요하기 때문에 정성적 평가 중심 운영	• 지원자가 많아 정량적 평가 중심 운영
필기 전형	• 효과적인 업무 수행에 요구되는 인성적 또는 능력적 차원에 대한 검증	• 인성 검사 • 적성 검사	• 인성 검사 • 적성 검사 • 지식 검사
면접 전형	• 효율적인 채용 전형별 운영 방안의 수립 • 공정하고 신뢰할 수 있는 전형별 평가 절차 마련	• 구술 면접 • 연구 주제 발표 면접 • 세미나 면접	• 구술 면접 • 시뮬레이션 면접
신체 검사	• 업무 수행에 치명적인 영향을 줄 수 있는 질병 보유 여부 점검 • 기업 및 업무 특성에 따라 신원조회를 통해 신분을 명확하게 검증		

서식1-2 채용 절차

채용 절차는 크게 세 단계로 구분할 수 있으며 각 단계가 유기적으로 연계될 수 있도록 명확한 계획과 방안을 수립하여 선발 과정의 효율성을 향상해야 한다.

채용 절차	단계별 목적	단계별 주요 활동
채용 계획 수립	• 조직의 예산 및 전략을 고려하여 채용 방향과 일정 등을 설정	• 신규 충원 인원 파악 • 채용 수요 조사 • 채용 인원 산정 • 채용 계획 수립 • 채용 계획 확정
채용 공고 및 모집	• 효과적·효율적인 채용 활동을 위한 구체적인 실행 계획 수립 • 지원자 확보를 위한 구체적 방안 수립 • 평가 절차 및 요소에 대한 정의	• 채용 전형 설계 • 채용 공고문 개발 • 입사지원서 개발 • 채용 홍보 실시 • 지원서 접수

채용 절차	단계별 목적	단계별 주요 활동
선발 결정	• 효율적인 채용 전형별 운영 방안의 수립 • 공정하고 신뢰할 수 있는 전형별 평가 절차 마련	• 서류전형 준비·실시 • 필기전형 준비·실시 • 면접전형 준비·실시 • 신체검사 안내 • 전형별 합격자 안내

서식 1-3 지원자가 기업을 선택하는 기준

지원자가 기업을 선택하는 기준	
• 모집요강, 인터넷 블로그, 카페 등의 SNS 정보 • 지인이나 가족의 정보 • 채용 공고의 친절함 • 채용 단계의 구조화 • 지원 시의 기업의 대응	• 면접으로 방문했을 때의 대응 • 면접으로 방문했을 때, 안내 및 회사 입구의 분위기 • 면접으로 방문했을 때, 사원의 분위기 • 면접관의 태도·표정·설명 • 채용 여부 결정까지의 기간

서식 1-4 채용 전형 단계별 고려 사항 및 주요 활동

채용 절차	단계별 고려 사항	단계별 주요 활동
분석 단계	• 조직의 전략 및 예산을 고려하여 채용 방향과 일정 등을 수립	• 신규 충원 인원 파악 • 채용 수요 조사 • 채용 인원 산정 • 채용 계획 수립 • 채용 계획 확정
설계 단계	• 효과적·효율적 채용 활동을 위한 구체적인 실행 계획 수립 • 평가 절차 및 요소에 대한 정의	• 채용 전형 설계 • 역량 중심 평가 준거 확인 • 확인된 평가 준거 및 역량을 확인할 수 있는 선발기법 확정 • 채용원칙 수립 및 채용 단계별 평정 기준 결정
개발 단계	• 효율적인 채용 전형별 운영 방안의 수립 • 공정하고 수용성 높은 전형별 평가 절차 마련 • 지원자 확보를 위한 구체적 방안 수립	• 적합인재를 유인할 수 있는 채용 공고문 개발 • 선발 도구로서의 서류전형 개발 • 지원자의 직업기초 및 직무전문성을 파악할 수 있는 필기전형 개발 • 지원자의 직무적합성, 조직적합성, 동기적합성을 파악할 수 있는 면접전형 개발
실행 단계	• 효과적인 채용 전형별 운영 • 탈락수용성을 감안한 전형 실시	• 대량 지원에 대응 가능한 서류전형 실시 • 인성, 적성, 논술, 전공, 인문학적 소양 관련 필기전형 실시 • 투명성, 공정성을 확보한 면접전형 실시 • 탈락수용성을 감안한 전형별 합격자 발표
평가 단계	• 채용 프로세스에 대한 과정 및 성과평가	• 채용 과정 모니터링 • 지원자 만족도 조사 • 지원자 반응, 비용, 소요 시간, 채용 우수성 평가 • 면접관 만족도 조사 • 현업 팀장들의 신입사원에 대한 만족도 조사

PART 02
조직의 미래를 책임지는 면접관

인재 채용 지침서
채용의 교과서
WORK BOOK

PART 02 조직의 미래를 책임지는 면접관

서식2-1 이미지가 좋았던 면접 vs. 이미지가 안 좋았던 면접

이미지가 좋았던 면접	이미지가 안 좋았던 면접
• 면접관이 면접을 시작하기 전에 긴장을 풀어 주는 등 면접 분위기를 조성하는 배려를 보일 때 • 면접관이 사전에 면접을 위해 준비를 했다는 생각이 들 때 • 면접관이 지원자의 이야기를 경청하고 있다고 느낄 때 • 면접관과 지원자가 대등하다고 느끼도록 배려할 때 • 면접관이 지원자의 질문에 성의 있게 답변할 때 • 면접관의 인상이 좋고 활기차 보일 때 • 회사의 분위기가 좋아 보일 때 • 면접관 이외의 사원들이 친절할 때	• 면접 분위기가 딱딱하고 면접관이 사무적으로 대한다고 느낄 때 • 면접관이 지원자와 눈을 마주치지 않고 자료를 주로 보고 있을 때 • 면접관이 잘 알아듣지 못하거나 같은 질문을 반복할 때 • 면접관이 회사를 너무 자랑하거나 심문하듯이 질문할 때 • 면접관이 개인적인 질문이 지나치거나 차별적인 질문을 할 때 • 면접시간이 너무 짧고 지원자의 질문에 답변하지 않을 때 • 회사 분위기가 나쁠 때 • 면접관 이외의 사원들이 불친절할 때

서식2-2 면접관의 요건

면접관의 요건	
편안한 모습	지원자가 긴장을 풀고 편안한 심리적 상태를 가질 수 있도록 배려해야 지원자가 경직되지 않는다. 또한, 특정 지원자에게 강한 시선을 피하고 골고루 시선을 나누며, 적극적 경청의 자세를 유지한다.
심리적 안정감	면접관이 안정되어 있어야 지원자도 심리적으로 안정이 되며, 질문 시, 말을 적정한 대화조의 속도로 전달하며 부정적 의미를 줄 수 있는 격앙된 반응이나 표현을 하지 않는다.
균형된 인내심	지원자의 장황한 답변은 적절한 방법으로 제지하되 얼굴을 찡그리거나 신경질적인 반응은 절대 하지 말아야 한다. 답변 준비를 지나치게 끌면 지원자에게 부드럽게 조치하여 재촉하는 느낌이 들지 않도록 해야 하며 지원자가 퇴장하는 중에 혼잣말을 하거나 다른 면접관과 대화를 삼가야 한다.
예리한 관찰력	면접관은 말하는 것이 아니라, 말을 시키는 형태가 되도록 하고, 평가목적에 부합되는 질문만 해야 한다. 지원자의 모든 표현(답변내용, 표정, 어투, 톤 등)은 귀중한 자료이고 의미가 있음을 이해하고 활용해야 한다.
객관적 분석력	관찰하고 찾아낸 결과를 정확하게 표현함은 물론 객관적 시각에서 평가, 분석할 수 있어야 한다. 면접관은 지원자와 관계가 있더라도 면접 장소에서 친분을 나타내는 말이나 태도를 보여서는 안 된다.
개발성과 융통성	면접 중 의견이 상이한 면이 있어도 수용하고 융통성이 있는 태도를 유지할 수 있어야 하며, 특이한 답변, 행동에 대해서 놀라서는 안 되고, 표정과 태도를 자연스럽게 유지할 수 있어야 한다.

서식 2-3 우수한 면접관 vs. 부족한 면접관

구분	우수한 면접관	부족한 면접관
준비	성공적인 면접을 위해 미리 효과적으로 계획하고 준비한다. (선발기준 확인, 이력서 검토, 질문 개발, 체크리스트 준비 등)	준비를 하지 않고 면접에 들어간다.
진행	지원자가 자유롭게 이야기할 수 있도록 분위기를 조성한다.	지원자를 지나치게 압박하여 긴장을 유발한다.
	지원자의 말을 적극적으로 경청하고, 쌍방이 정보를 얻을 수 있도록 배려한다.	지원자의 말을 경청하지 않고, 면접관이 우위에 있는 듯한 언행을 한다.
	면접의 흐름을 효과적으로 통제하고 질문과 대답을 균형있게 리드한다. (중점만, 1분 이내에, 누구나 쉽게 알 수 있도록 등 조건 붙임)	면접 과정을 통제·리드하지 못해 지원자가 면접의 흐름을 주도한다.
	직무·역량을 확인할 수 있는 효과적 질문(개방형의 구조화된 심층분석 질문, 일관성 있는 질문 등)으로 충분한 대화를 이끌어 낸다.	직무·역량의 확인과 관련 없는 질문을 하거나, 이해하기 어려운 용어 또는 폐쇄형의 질문을 사용함으로써 제한적인 답변밖에 얻어 내지 못한다.
	지원자의 답변으로부터 사실을 확인하고 의미를 유추해 내며, 비언어 정보(시선·표정·자세·동작 등)에서도 적절한 정보를 읽어 낸다.	단편적인 사실만을 묻는 질문으로 구체적인 증거와 사실을 알아내지 못하며, 비언어 정보가 주는 의미를 알아채지 못한다.
	판단에 영향을 미치는 주요 내용을 적절하게 기록한다.	제때에 기록을 하지 않아 판단에 영향을 미치는 주요 내용을 잊어버리는 경우가 있다.
	면접을 잘 마무리한다. (질의응답, 면접 후 지침 안내, 좋은 이미지 형성 등)	면접 후 지침을 안내하지 않거나 지원자에게 비호감을 주는 언행을 하는 등 면접을 잘 마무리하지 못한다.
평가	자신의 의사소통 스타일 및 편견 등을 알고 이것이 면접 과정과 의사결정에 방해되지 않도록 한다.	고정관념, 편견 및 차별 등에 좌우되어 왜곡되고 섣부른 판단을 한다.

서식 2-4 평가의 오류 및 대책

구분	오류	대책
시스템	• 선발대상 직무의 불분명 • 필요역량·중요도·수준에 대한 기준 부족 • 평가지표의 미비 • 관계가 적거나 부적절한 질문 • 면접 정보 기록을 위한 체크리스트 미비 • 면접기법에 대한 지침 부재 및 면접관 교육 부족 • 면접관 간 의사소통의 부족 • 좋지 못한 면접환경	• 선발대상 직무의 명확화 • 명확한 평가기준 준비 • 구체적인 행동지표 선정 • 구조화된 질문 개발 • 평가 체크리스트 준비 • 면접 지침 준비 및 면접관 교육 • 평가에 대한 협의 및 확인 절차 • 적절한 면접환경 조성
사람	• 인상·자세·속설(혈액형·지역) 등으로 속단하는 등 면접관의 비과학적·단편적 사고 • 일부만으로 전체를 판단하는 현혹 효과 (=후광효과) • 책임 회피를 위한 무난한 평가 (중심화·관대화·엄격화) • 면접관이 보고 싶은 것만을 보는 선택적 인지 • 면접관 자신과 비교하는 대비오류 • 여러 후보자 평가 시 발생하는 스테레오 타입 • 최신의 정보만을 중시하는 시간적 오류 • 면접관의 면접기법 부족과 제대로 파악, 판단하지 못하는 해석상의 오류	• 지원자의 답변을 경청하고 고정관념·선입견·편견·차별 등 면접관 본인의 오류경향 인식 • 평가기준 및 구체적인 사실에 입각한 판단 및 해석 • 사실과 연출의 구분, 숨겨진 실체 파악 연습

서식 2-5 효과적인 면접을 위한 DO & DON'T

면접관 DO

면접 전	사전 면접 모임을 갖는다.	
	면접 경험이 있다 하더라도 면접 분야에 대한 사전 정보습득 및 면접관 간의 사전 협의를 위한 모임을 할 필요가 있다.	
	채용 분야에 대한 정보를 파악한다.	
	채용 분야에 대한 정보를 정확히 알고 있어야 정확한 질문과 평가를 할 수 있다.	
	지원자에 대한 개인 정보를 확인하고 질문을 통해 확인할 사항을 점검한다.	
	지원자의 이력 확인을 통해 면접 시 구체적으로 확인해야 할 사항을 파악하고 이와 관련된 질문을 준비한다.	
	면접시간보다 여유 있게 도착한다.	
	면접시간보다 30분~1시간 정도 일찍 도착하여 면접 준비를 한다. 특히, 사전 면접 모임이 없었던 경우 이 시간을 이용하여 면접관들이 협의하는 것이 좋다.	
	지원자를 평가할 수 있는 질문과 평가기준을 기반으로 한 채용원칙을 만든다.	
	지원자에게서 확인해야 할 측정지표와 과학적인 면접 질문을 확인하고 가능하면 면접관들 사이에 합의된 평가기준을 만들도록 한다.	
	면접관끼리 역할분담을 한다.	
	면접시간이 제한적이기 때문에 평가할 내용에 대해 면접관들이 사전에 역할을 분담하여 질문하도록 한다. 특히, 시작과 끝의 역할을 정해 짜임새 있게 진행한다.	
면접 중	지원자의 긴장을 해소시킨다.	
	우리 회사에 지원한 것과 서류전형 합격 등을 축하하며 긴장 완화를 유도한다. 지원자가 본연의 모습을 제대로 보일 수 있도록 분위기를 형성한다.	
	지원자의 전문성이나 경험 그리고 동기 및 조직적합성을 파악할 수 있는 질문을 한다.	
	해당 직위의 직무나 직책 수준에 적합한 경험이나 전문성 파악에 초점을 맞추고 '상황·배경-행동-결과·성과' 등을 자세히 설명할 수 있도록 질문한다.	
	질문에 일관성을 유지한다.	
	평가는 동일한 척도로 지원자의 우열을 판단하는 것이다. 따라서 일관성 있는 질문을 통해 지원자들의 능력을 판단할 수 있도록 한다. 질문에 일관성이 없으면 비교평가가 어렵다.	
	질문은 되도록 간단히 하고 답변을 많이 듣고 기록한다.	
	사전에 질문을 준비하여 단계별로 간략하게 질문하고 지원자의 답변을 많이 듣도록 노력한다. 또한, 피면접자에게 '질문을 하지는 않았지만, 꼭 하고 싶은 말이 있습니까?' 등의 기회를 제공하는 것도 바람직하다.	
	실제 행동·성과를 파악하는 데 집중한다.	
	면접 과정에서 지원자는 자신의 능력이나 성과를 과장하려는 경향이 있어 지원자의 실제 행동이나 성과를 제대로 파악하지 못하면 과대평가하는 오류를 범하게 된다. 따라서 체계적인 질문 등을 통해 실제 행동·성과 등을 심도 있게 파악해야 한다.	

면접 중	구체적인 상황질문을 한다.	
	지원자의 경험·업무수행에 바탕을 둔 상황질문을 하여 지원자가 처한 상황에서 발휘한 능력을 평가한다.	
	지원자의 질문에도 성실히 답변한다.	
	지원자의 질문에 성의 있게 답변하여, 좋은 이미지를 갖도록 한다.	
	"수고하셨습니다." 등의 인사로 면접을 끝낸다.	
	끝인사는 면접의 만족도를 높이고, 기관의 이미지를 높이는 데 도움이 된다. 그러나 지원자가 면접을 잘 봤다는 느낌을 받게 하는 표현은 쓰지 않는 것이 바람직하다.	
면접 후	명확한 근거와 함께 평정 기록을 정리한다.	
	평가와 선발 결과의 정당성을 입증할 수 있는 핵심 증거들을 기록한다. 면접관들이 평가기준을 바탕으로 평가결과를 공유·논의하여 보다 객관적인 평정 결과를 도출하고 근거와 함께 기록하는 것이 바람직하다.	
	면접상의 문제점을 담당자에게 피드백한다.	
	면접 진행 과정상에 문제점이 있는 경우, 담당자에게 피드백하여 프로세스를 개선할 수 있도록 한다.	

면접관 DON'T

면접 전	면접에 대한 아무 준비 없이 면접장에 들어가지 않는다.
	지원자는 많은 시간을 투자하여 면접을 준비한다. 사전에 준비가 부족하다면 지원자에 대하여 과대평가를 할 위험이 높다.
	면접관 개인의 면접 경험이나 능력만으로 면접을 진행하지 않는다.
	해당 직위에 대한 정보나 후보자의 정보를 사전에 점검하지 않으면, 객관적 자료나 근거가 아닌 주관적인 판단이나 선입견으로 평가할 위험이 높다.
	면접자를 기다리게 하지 않는다.
	합리적인 이유 없이 피면접자를 기다리게 하지 않는다. 만일 합리적인 이유가 있을 경우, 피면접자에게 이를 알려 무작정 기다리지 않도록 한다.
면접 중	스펙·첫인상·선입견 등에 현혹되지 않는다.
	지원자의 첫인상이 중요하나 이는 선천적인 외모일 뿐 지원자의 능력이 아님을 염두에 두고 면접 시 능력을 평가해야 한다.
	유도 질문이나 명확한 답이 있는 단답형 질문을 하지 않는다.
	유도 질문이나 정답이 있는 상투적인 질문을 하는 경우, 면접관이 원하는 답변이나 모범 답안을 제시하기 때문에 지원자의 생각이나 능력을 평가할 수 없다.
	지원자를 차별하거나 무시하는 질문은 절대 하지 않는다.
	"여성에게 적합하지 않는데…", "지방대(대학원)는 조건미달 같은데…" 등의 차별하거나 무시하는 질문은 하지 않는다.
	지원자와 논쟁하지 마라.
	면접은 지원자의 전문성, 역량, 행동특성 등을 파악하기 위한 질문과 답변의 시간으로, 논쟁을 통해 면접시간을 소모해서는 안 된다.

면접 중	지원자의 답변에 지나치게 개입하지 않는다.	
	지원자가 질문의 의도와 다른 답변을 하더라도 성급하게 답변을 자르는 것은 바람직하지 않다. 응답자가 기분 나쁘지 않게 짧게 답하도록 하고 질문에 대한 간략한 부연설명을 통해 다시 응답하도록 하는 것이 바람직하다.	
	가정형 질문을 하지 않는다.	
	"만약에~"식의 질문을 할 경우, 면접관의 질문 의도에 맞는 답을 하거나 모범적인 답을 할 가능성이 높아 변별력이 떨어진다.	
	지원자에게 부정적인 반응을 보이지 않는다.	
	면접 중에 지원자에게 부정적인 반응(갑자기 쏘아보거나 고개를 젓는 등)을 보일 경우, 지원자가 실망하거나 당황하여 제대로 답변을 못 하게 되고 추후에 기관에 대한 나쁜 인상을 가질 수 있다.	
면접 후	당락을 유추할 수 있는 말은 하지 않는다.	
	"함께할 수 있을 것 같습니다.", "좋은 소식이 갈 것 같습니다." 등의 지원자가 합격 또는 불합격을 유추할 수 있는 말은 하지 않는다. 지원자가 면접시간 도중 당락을 느끼게 만들어선 안 된다.	

PART 03
채용원칙 중심의 전형 설계

03 PART 채용원칙 중심의 전형 설계

서식 3-1 전형 프로세스 수립의 4단계

채용 계획 수립 단계에서는 네 단계의 절차를 준용하여 채용 인원을 산정하고, 평가 방식, 기준, 시기, 비용 등과 관련한 계획을 수립하여 이후 단계에 활용한다.

단계	담당자	주요 활동	주요 고려 사항
단계 1 채용 수요 조사	• 인사·채용담당자 • 각 요청 부서	• 기업 내부 자연 결원(자연 퇴직, 자발적 퇴직) 조사 • 채용이 필요한 직무와 인원에 대한 '채용 의뢰서 취합'	• 요청 직무 • 필요 사유 • 필요 인원 • 자격 요건 • 임금피크제
단계 2 채용 인원 산정	• 인사, 각 부서장 등	• 관련자(인사, 부서장 등) 회의를 통해 채용 요청의 적절성 검토 • 부서별 채용 인원 배정 및 총 채용 인원 산정	• 신규 사업 • 신설 부처 • 기업 내부 충원 요청 직무·인원 • 총액인건비 • 인사, 채용 관련 규정
단계 3 채용 계획 수립	• 인사·채용담당자	• 확정된 직무 및 규모에 대한 전형 절차, 시기, 비용 등 세부 계획 수립	• 전형 절차 • 적합성 평가 기준 • 전형별 시기 • 장소 • 비용 등
단계 4 채용 계획 확정	• 대표 또는 인사책임자	• 대표 또는 인사위원회를 통해 수립된 계획을 검토·승인	• 기업 운영 방안 • 대내외 위협 요인 등

서식 3-2 신규 충원 인원 파악 및 채용 수요 조사

기업 또는 기업 내부의 자연 결원으로 인해 발생한 채용 수요를 조사하기 위해 정기 또는 수시로 해당 부서들에 '채용 의뢰서'를 배포하여 채용담당자에게 제출하도록 요청한다.

자연 결원의 발생 여부 파악	• 자연 퇴직: 일정한 사유가 있어 근로관계가 종료 • 자발적 퇴직: 사원 스스로 퇴직을 선택 • 임금피크제: 결원은 아니지만, 일정 연령에 도달하여 임금을 삭감함으로써 총액인건비에 여유가 발생
채용 의뢰서를 위한 준비 사항	• 채용 직무의 내용 • 직무수행을 위한 필수 요건 • 선발 요건(Knowledge, Skill, Attitude 등) • 현재 부서의 인원 현황

채용 의뢰서 작성 사항	• 위에서 제시된 준비 사항들 • 요청 직무 및 인원, 충원 시기, 고용 형태(정규·비정규), 경력 구분(경력·신입) 등 • 충원 사유와 부서 의견 　※ 충원이 아닌 증원의 경우 증원 필요 사유에 대한 자료 추가 작성 • 부서장 결재

서식 3-3 채용 의뢰서 양식

채 용 의 뢰 서

[안내 사항]
1. 의뢰서는 직무별로 작성하여 최소 2개월 前 인사팀에 제출 바랍니다.
2. 궁금하신 사항은 인사팀 채용담당자(000-0000)로 연락 주시기 바랍니다.

담당	팀장

의뢰부서		
채용 직무	직무명	
	직무 내용	• • •
채용 인력	요청 사유	• •
	인원	총 (　) 명　　충원시기　(　) 年 (　) 月 희망
	고용 형태	□정규 □계약 □파견　　경력구분　□신입 □경력 (　) 년
	KSA - 지식	• • •
	KSA - 기술	• • •
	KSA - 태도	• • •
	선발요건 - 학력	□무관 □고졸 □전졸 □대졸 □석사 □박사
	선발요건 - 전공	
	선발요건 - 자격	
	선발요건 - 어학	
	선발요건 - 기타	• •
예상 비용	예상 연봉	(　) 만원　□별도 협의 없이 당사 내규에 따름

의뢰부서 (팀) 인원 현황	구분	총원	팀장	차장	과장	대리	사원	기타
	정원							
	현원							

부서 의견	• •

서식3-4 채용 인원 산정 및 승인

정기 또는 수시로 접수한 채용 의뢰서의 적합성을 검토하기 위하여 채용담당자(또는 인사 부서)는 채용 검토 회의를 개최하고, 부서별 채용 인원을 산정하여 경영진에 승인을 요청한다.

검토 회의 전 준비 사항	• 전사 인원 현황 및 부서별 인원 현황 • 향후 3년간 인력 계획(임직원 규모 및 총인건비 현황) • 특이 인력 현황 분석(장애인, 보훈, 여성인력 등) • 향후 3년간 자연 퇴직 인원 예상 현황 • 향후 3년간 '기업 경영 계획'(중점 연구 분야, 미래 동력 기술 분야 등) • 최근 3년간 채용 실적(전체 현황 및 부서별 현황) • 최근 3년간 퇴직률 및 인력 현황(부서별 퇴직 현황, 퇴직 사유 분석) • 이전 검토 회의 시 특이사항
채용 의뢰서 검토 후 회의 준비 사항	• 기업의 인건비 총액 • 요청 규모 및 예상 인건비 • 부서별 채용 요청 현황 및 사유 정리(충원·증원을 구분하여 정리) • 채용 진행 후 전체 인력 규모 및 인건비 변동 예상 현황 • 장애, 보훈, 여성 채용 등 권고 사항
최종 의사 결정 사항	• 부서별 채용 우선순위 • 채용 인원 직급(경력직·신입직 등) • 특이 채용 대상 인원(장애, 보훈, 여성과학기술인 등) • 부서별 채용 인원 및 직급

서식3-5 채용 계획 수립 검토사항

경영진 결정으로 확정된 채용 대상과 채용 규모를 고려하여 실질적인 채용 업무를 진행하기 위한 계획을 수립하고, 최종 보고 및 확정한다.

채용 계획 수립 시 검토사항	• 채용 관련 법률·지침 점검 • 이전 채용 시 특이사항 점검: 진행과정에서의 문제점, 지원자 특이사항 등 • 채용 절차 개선 사항 도출 • 채용 시 이용 가능한 외부 전문 업체와의 협조 활용 여부: 인적성 검사 회사, 외부 면접위원, 채용 전문 컨설팅사 등 • 동종 또는 유사 기업 채용 일정 및 특이사항

채용 계획 수립에 포함되어야 하는 사항들

- 전체 채용 규모 및 목적(채용 사유), 직무·부서별 세부 채용 규모
- 전체 채용 전형
- 전형별 프로세스, 선발기법 선정 및 적용단계 결정
- 채용 프로세스별 선발기준 설정
- 채용공고문, 입사지원서, 직무능력평가, 경력기술서, 필기문항, 면접문항
- 채용담당자 및 면접관 교육 프로그램
- 경쟁률 및 합격 인원, 일정, 장소, 소요비용 등
- 이전 채용과의 차별 사항 또는 개선 예정 사항

채용 계획 수립 보고 전 점검사항

- 지난 채용 계획 또는 채용 결과 분석 시 개선사항
- SNS 등 지원자들의 온라인 기업평가 및 채용 프로세스 평가
- 채용 관련 대내외 이슈 및 주요 의사결정 사항
- 향후 기업 운영 방향과의 연계성

 채용 프로세스의 이해

모집 (Recruiting)
해당 직무에 적합한 지원자들의 지원을 촉진하고 적합하지 않은 지원자들의 지원을 예방

 모집공고
- 회사와 직무에 대한 정보 제공을 통해 적합한 지원자들의 지원을 유도함
- 평가요소, 평가방법에 대한 정보 제공을 통해 탈락수용성을 높임

↓

입사지원서 작성·제출
- 지원서 작성과정을 통한 직무 이해도를 높임
- 지원자의 직무 관련 다양한 정보들을 수집함

↓

선발 (Selecting)
다양한 평가를 통해 지원자들 중 해당 직무에 적합한 후보자들을 선별함

서류전형
- 지원자의 전반적인 자질과 적합성을 평가함
- 전문성, 경력·경험, 자격, 동기적합성을 평가함

↓

필기전형
- 직무수행능력 테스트
- 전공시험
- 인성, 적성 검사

↓

면접전형
- 조직적합성 평가
- 직무적합성 평가
- 동기적합성 평가

서식 3-7 채용 프로세스 설계 및 평가 요소 선정 매트릭스

- 채용 프로세스 설계란 채용 전형과 평가 요소를 배치하는 것을 의미하며, 직군(기술, 연구개발, 사무, 영업 등)에 따라 중점적으로 고려해야 할 사항에 차이가 있다.
- 전형 프로세스 설계 단계에서는 1) 어떤 전형과 평가 요소를 선정할 것인지, 2) 어떤 순서로 전형을 배치할 것인지 3) 전형별 일정과 대상 인원은 어떻게 할 것인지 등에 대해 의사 결정을 해야 한다.

			서류전형		필기전형		면접전형	
			입사지원서	자기소개서	전공( )	인성검사	1차 기법( )	2차 기법( )
	활용 여부		O/X	O/X	O/X	O/X	O/X	O/X
	시행 순서							
	실시 일정							
	대상 인원							
직무적합성	1.	직무전문						
	2.	직무특성						
	3.	직무경험						
	4.	자기개발						
	5.							
조직적합성	1.	공통역량						
	2.	인재상						
	3.	팀워크						
	4.	의사소통						
	5.							
동기적합성	1.	동기부여						
	2.	조직동기						
	3.	직무동기						
	4.	성취동기						
	5.							

※ 대부분 서류전형 → 필기전형 → 면접전형(1차, 2차)의 순서대로 채용 전형을 배치하지만, 직군의 특성에 따라 필요한 전형만 선택하여 다양한 순서로 배치할 수 있음.

서식 3-8 전형 프로세스 설계 시 고려 사항(일정 및 대상 인원 결정)

전형단계	세부 내용
서류전형	① 대상 지원자 수: 다음 전형에 비해 얼마나 많은 지원자가 지원할 것인가? ② 평가자: 입사지원서·자기소개서를 누가 평가할 것인가? ③ 평가 기간: 지원서 접수 이후부터 서류전형 합격자 발표일까지 모든 서류를 충분히 평가할 수 있는가? ④ 배수 결정: 최종 선발 인원의 몇 배수를 서류전형에 통과시킬 것인가?
▼	
필기전형	① 일정: 모든 지원자들이 참여 가능한 일정인가? 유사 기업과 중복되지는 않는가? ② 비용: 지원자 1인당 단가와 우리 기업의 예산은 어떻게 되는가? ③ 장소: 모든 지원자를 수용 가능한 공간을 확보할 수 있는가? ④ 배수 결정: 최종 선발 인원의 몇 배수를 필기전형에 통과시킬 것인가?
▼	
면접전형	① 면접위원: 가용한 면접위원의 수는 얼마나 되는가? ② 면접시간: 지원자 1인당 충분한 면접시간을 확보할 수 있는가? ③ 장소: 주어진 기간 동안 면접전형을 모두 마칠 수 있는 충분한 공간을 확보할 수 있는가?

서식3-9 전형 프로세스 설계 작성 예시

채용 직무	인사	채용 직급	사원
채용 형태	정규직	채용 인원	3명
채용 공고일	2024. 5. 4.	채용 종료일	2024. 7. 15.

		서류전형		필기전형		면접전형		
		입사지원서	자기소개서	인성검사	적성검사	1차		2차
						역량	태도	임원인성
실시 일정		2월 3일		2월 14일		3월 3일		3월 10일
배수		–		5~10배		3~5배		2~3배
직무 적합성	경영학·경제학	●			●			
	인사·조직	●			●			
	회계·재무	●			●			
	직무경험	●	●			●		
	자기개발		●			●		
조직 적합성	의사소통 능력				●	●		
	책임감		●				●	●
	윤리의식			●			●	●
	팀워크		●	●			●	●
	분석력				●	●		
	목표 의식		●	●				●
자격	OA활용 능력	●						
	외국어 능력	●						
동기 적합성	동기부여 적합		●	●	●		●	●
	조직동기부여		●	●			●	●
	직무동기부여	●			●	●		
	성취동기부여	●	●			●	●	●

※ ●: 해당 전형으로 평가 요소를 평가한다.

서식 3-10 전형 프로세스 설계 양식 2

채용 직무(부서)		채용 직급	
채용 형태		채용 인원	
채용 공고일		채용 확정일	

	서류전형	필기전형	면접전형
진행 일정			
단계별 배수			
채용원칙 및 방향			
평가 방법			
평가 기준			
준비 사항			
비고			

서식 3-11 전형 프로세스 설계 양식 2 작성 예시

채용 직무(부서)	생산공정 관리팀	채용 직급	사원
채용 형태	정규직	채용 인원	3명
채용 공고일	2024. 1. 4.	채용 확정일	2024. 3. 17.

	서류전형	필기전형	면접전형
진행 일정	2월 3일	2월 13일	3월 3일
단계별 배수	–	3배수	2배수
채용원칙 및 방향	지원 분야 관련 실무 전문능력과 직무경험을 보유하고 있는 적합한 인재 채용		
평가 방법	• 입사지원서 및 자기소개서 항목별 평가	• 온라인 인성 검사 • 오프라인 적성 검사	• 발표 면접 • 인성 면접
평가 기준	• 직무적합성 • 조직적합성 • 자기소개서 • 경력기술서 평가	• 조직적합성(인성 검사) 평가 • 직무 관련 적성 검사	• 직무적합성 • 조직접합도

준비 사항	• 채용 공고문
	• 입사지원서
	• 온라인 입사 지원 시스템
	• 서류전형 평가자 섭외
	• 서류전형 합격자 발표
		• 검사 대행 업체
		  (외부 위탁 시)
		• 검사 운영 계획
		  (장소, 인력, 시간, 계획 등)
		• 필기전형 합격자 발표
			• 면접 운영 계획(장소, 면접관, 운영인력, 시간 계획 등)
			• 면접 도구(질문지, 평가표, 매뉴얼 등)
			• 면접위원 섭외
			• 면접관 교육
			• 면접전형 합격자 발표

서식 3-12 전형별 평가도구

		평가 역량	서류전형	적성검사	필기시험	면접전형	건강검진
기본사항	성격	성격특성·적성	△	○		○	
	건강	육체적·정신적 건강	△			○	○
	기초사항	자세, 지원동기, 처우, 입사가능시기, 근속, 직업관·인생관, 병역, 자격·면허	○			○	
조직적합성	공통역량	성과달성지향, 관계형성, 인지역량, 개인효과성, 대인영향력	△	△		○	
	인재상	우리 회사의 인재상	△			○	
	팀워크	적극적 참여, 협력적 자세, 팀 관리, 갈등해결, 타인 또는 타 부서와의 협력	△			○	
	의사소통	언어적 의사소통, 문서 의사소통	△			○	
	회사이해	산업에 대한 이해, 회사에 대한 이해	○			○	
	스트레스	스트레스 내성, 스트레스 해소방법	△			○	
직무적합성	지식	직무 관련 전문 지식·기술, 직무 관련 경험, 직무 관련 자기개발	△	○	○	○	
	스킬	분석적사고, 시스템적사고		△	○	○	
		이해판단력, 기획력, 추진력, 대인친화력, 의사소통스킬, 설득·협상능력, 창의력, 상황대응력, 문제해결능력, 외국어능력, IT도구활용스킬, 문서작성능력, 프레젠테이션스킬, 업무네트워킹능력, 정보수집·분석능력	△	△	○	○	
	태도자질	치밀성, 규율성, 자기통제, 고객지향성, 윤리의식, 문제의식, 원가의식	△	△		○	
동기적합성	동기부여적합	지원자가 직무 또는 조직으로부터 바라는 바와 실제 직무가 제공하는 내용의 일치 정도	○			○	
	지원동기	우리 회사만의 지원동기가 있는가?	○			○	
	성취동기	최근 무언가가 이룩한 내용이 있는가?	○			○	
관리역량		조직통제력, 지도육성력, 경영마인드, 리더십, 솔선수범, 객관성 유지, 조직헌신, 조직관리, 공정성 등	△	△		○	

범례: ○ = 주된 평가도구 △ = 보조적 평가도구

서식 3-13 채용 프로세스 설계 시 고려 사항

항목	지원서	인성 검사	적성 검사	지식 검사	작업 표본	역량 면접	평가 센터
비용	낮음	중간	중간	중간	중간	중간	높음
타당도	중간	중간	높음	중간	높음	높음	높음
단위 시간당 적용 지원자 수	많음	많음	많음	많음	적음	적음	매우 적음
평가의 정교성	낮음	중간	높음	높음	중간	중간	높음
권장 배치 순서	앞	중간	중간	중간	중간-뒤	중간-뒤	뒤

서식 3-14 채용 프로세스 설계 시 평가 방법 고려 사항

지원서	지원자들에 대한 기초 정보를 수집하고, 최소한의 자격조건을 갖추지 못한 지원자들을 배제함으로써, 채용 과정의 효율성을 높이고 비용을 절약
인성검사	지원자의 성격, 흥미, 가치관, 동기 등에 대한 포괄적인 정보를 습득하고 이를 통해 지원자와 직무특성 및 기업문화 간의 적합성을 판단하는 검사
적성검사	해당 업무를 수행하기에 적합한 능력을 보유하고 있는지에 대한 전반적인 평가
지식검사	해당 업무를 수행하기에 적절한 전문 지식을 보유하고 있는지에 대한 검사
작업표본	해당 업무 중에서 중요한 일부를 제시하고 지원자들에게 직접 수행하도록 하여 이를 관찰 및 평가
역량 면접	직무 수행과 관련된 역량(인지적 역량, 인성적 역량, 능력적 역량 등)을 구조화된 면접 도구를 활용하여 평가
평가센터	다양한 평가 방법을 활용하여 사람들의 역량, 능력, 성취도 등을 측정하고 분석, 이를 통해 개인 또는 조직의 교육 및 업무 능력을 개선하고 발전시키는 것을 목표로 한다. 대표적인 평가 방법으로는 시험, 인터뷰, 포트폴리오 평가, 실무 프로젝트 평가 등이 있다. 최근에는 인공지능 기술을 활용한 온라인 평가도 많이 이용되고 있다.

서식 3-15 채용직무기술서 작성법

1. 작성자 정보

「직위정보」는 분석대상 직무에 대한 기본적인 정보를 파악하기 위한 것입니다. 귀하가 소속된 **회사명(기관명), 부서명, 팀명, 직위명, 작성자성명, 보임 가능 직급**(공기업만 해당, 복수직급의 경우 해당 직급 모두)을 기입합니다.

[작성사례]

소속	기관명	○○○○	직위	◎◎원
	부서명	경영지원부	작성자성명	홍길동
	과·팀	인사팀	보임가능직급	공기업만 해당

2. 직무개요

조사의 목적

「직무개요」는 해당 **직무가 존재해야 하는 이유**와 **직무가 지니는 가치**를 분석하기 위한 것입니다. 해당 직무가 소속 기관 또는 부서의 성과 또는 대상고객에게 기여하는 바를 구체적으로 기술하여 주시기 바랍니다.

효과적 작성을 위해

'3. 직무수행내용'의 주요직무내용 또는 세부직무내용을 먼저 작성한 뒤 **중요하고 비중이 큰 성과책임 2~3개를 중심**으로 담당직무의 존재 이유와 가치를 기술합니다.

[작성사례]

인사는 조직의 목표 달성을 위해 인적 자원을 효율적으로 활용하고 육성하기 위하여 직무조사 및 직무 분석을 통해 채용, 배치, 육성, 평가, 보상, 승진, 퇴직 등의 제반 사항을 담당하며, 조직의 인사제도를 개선 및 운영하는 업무를 수행하는 직무이다.

3. 직무수행내용

3-1. 조사의 목적

조사목적

「직무수행내용」은 **회사(기관) 또는 부서가 해당 직무에 대하여 기대하는 구체적인 활동과 역할**을 파악하기 위한 것입니다. 이를 위해 (1) 직무담당자가 수행해야 하는 **주요 업무활동**, (2) 주요 업무활동을 자세히 기술한 세부직무내용, (3) 주요 직무내용에 따른 그 **비중**을 기술합니다.

[작성사례]

주요 업무활동	세부직무내용	비중
채용	채용계획 수립 채용예정자 모집 채용예정자 선발 채용 사후관리	20%
인사평가	평가계획 수립 목표설정 평가 교육 인사평가 시행	15%
교육훈련	인력육성 계획 수립 교육과정 기획 교육과정 운영 교육과정 평가	20%
임금	임금조정안 수립 임금조정안 확정 임금계약 체결	25%

[작성사례]

주요 업무활동	세부직무내용	비중
복리후생	복리후생제도 설계 부합요건 심사 복리후생제도 실행	20%
-	-	100%

3-2. 주요 직무내용

개념 및 작성방법

「주요 직무내용」은 현행 직무와 관련해 수행하는 구체적인 활동들을 말합니다. 직제 및 업무분장 등을 참고하여 직접 담당하는 업무활동을 중심으로 5개 이상 작성하되, 세부직무내용을 상세하게 작성합니다.

3-3. 세부직무내용

개념 및 작성방법

주요 직무내용을 수행하기 위한 세부직무내용을 작성합니다.
여기서 주의할 것은 현재 프로젝트 및 성과목표를 작성하는 것이 아니라 기간의 제약 없이 해당 직무가 존재하는 한 지속적으로 추구하고 달성해야 하는 것을 의미합니다.

3-4. 주요 직무내용의 비중

비중

「비중」은 주요 직무내용의 비중을 의미하며, 최소 단위를 5%로 하여 작성합니다. 이때 비중의 합이 100%가 되도록 작성합니다.

4. 직무수행요건

조사 목적

「직무수행요건」은 직무를 효과적으로 수행하기 위해 직무담당자가 반드시 갖추어야 하는 지식, 기술, 태도 등을 의미합니다. 지식은 후보자가 그 업무를 수행하기 위하여 반드시 알아야 할 기초지식 및 실무지식을 말합니다. 필요기술과 기능은 후보자가 할 수 있어야 하는 것을 말하며, 자격의 경우 일부 특수한 전문자격증이 요구되는 경우도 있습니다. 직무수행 태도는 후보자가 과업을 제대로 수행하기 위해 필요한 태도를 말합니다.

[작성사례]

○ 필요지식(최소 5개 이상)

주요 직무 내용	필요지식(기초지식 및 실무지식) 후보자가 알고 있어야 하는 지식	요구 수준
채용	조직의 이해, 조직의 취업규칙, 채용 예정자 사후관리 사례연구, 면접기법, 채용기법, 홍보 매체 활용, 조직의 이해, 노동법, 인·적성 검사기법	5
인사평가	면담기법, 벤치마킹 방법, DC(Development Center) 운영법, AC(Assessment Center) 운영 법, 전자인적자원관리시스템(e-HR system), 평가방법론, 평가제도, 주요 성과지표(KPI), 조직 비전 체계	4
교육훈련	교육평가 방법, 사업주 훈련 고용보험환급 규정, 교육운영방안, 환급교육과정 운영, 교육설계법, 인력육성체계, 인력육성 계획 수립방법, 인력육성체계 수립방법, CDP(Career Development Program) 설계 및 운영 방안	5
임금	전자인사관리시스템, 개인정보보호법, 근로기준법, 관리회계, 임금 및 단체협약, 평가제도, 근로기준법	5
복리후생	전자인사관리 시스템 운용, 복리후생 제도 운영, 복리후생제도 설계 방법	5

[작성사례]

○ 필요기술(최소 5개 이상)

주요 직무 내용	필요기술 및 기능 후보자가 할 수 있어야 하는 것	요구 수준
채용	통계처리능력, 문서작성기술, Spread Sheet 활용 능력, 비용효과분석 기술, 커뮤니케이션 기술, 프리젠테이션 기술	5
인사평가	컴퓨터 활용 기술, 설득력, 협상력, 평가기술, 퍼실리테이팅 기술, 프리젠테이션 기술, 성과관리지표 설계, 분석력	4
교육훈련	교육결과 보고서 작성을 위한 기획력, 교육 개선안 도출을 위한 분석력, 교육평가 분석, 문제해결능력, 강사 및 교육생과의 커뮤니케이션, 교육운영 기술, 제안서 검토를 위한 정보 분석력	5
임금	전자인사관리시스템 활용 기술, 문서작성 기술, 의사소통능력, 정보관리능력, 의사결정력, 협상력	5
복리후생	전자인사관리시스템 운용, 의사소통능력, 문제해결 능력, 분석력, 기획력	5

[작성사례]

○ 필요기술(최소 5개 이상)

주요 직무 내용	태도 과업을 제대로 수행하기 위해 필요한 태도	요구 수준
채용	적극적 의견 청취 자세, 분석적 사고, 개방적 의사소통, 객관적 태도, 적극적 태도, 사교적 태도	5
인사평가	정확성, 원칙을 준수하는 태도, 다양하고 명확한 대응, 내부네트워킹, 성취지향, 균형감각, 전략적 사고, 개방적 의사소통, 윤리의식, 공정한 태도, 성취지향	4
교육훈련	교육 개선을 위한 비판적 자세, 교육품질에 대한 관심, 열린 마음, 평가기준을 공정하게 준수하려는 태도, 열린 마음, 정보공유 자세	5
임금	보안 의식, 정확성, 분석적 사고, 합리적 사고, 창의적 사고, 문제 지향적 사고	5
복리후생	제도 실행의 정확성, 제도 실행의 공정성, 정성을 다하는 고객만족, 근로자 단체와의 협력, 제도 운영의 고객지향성, 심사에 대한 공정성, 균형감각, 원칙을 준수하는 공정한 태도, 개선 의지	5

◆ 요구수준

level 5	개념·원칙·실무에 대한 지식이 월등하며 균형 있게 조화를 이루어 관련 분야의 지식을 망라하고 지식체계에 대한 새로운 틀을 재구성해 낼 수 있는 수준
level 4	기존의 지식·기술을 바탕으로 새로운 지식과 기술을 연구 또는 생산할 수 있고, 모든 업무 상황에서 풍부한 지식과 기술을 사용하며, 요청을 받아 다른 사람들의 문제를 해결해 주는 조언자의 역할을 수행하는 수준
level 3	필요한 경우 기존의 지식과 기술을 결합·변용하는 등 다양한 상황에서 지식·기술을 활용하여 업무를 무난히 수행하는 수준
level 2	표준화되고 정형적인 업무에 자신의 지식과 기술을 적용하여 기대하는 결과를 생산하는 수준으로 다양한 상황에서의 융통성은 기대하기 어려운 수준
level 1	해당 분야 업무 수행에 필요한 최소한의 요건은 만족한 수준으로 기본적 실무지식과 업무를 개괄적으로 이해할 수 있는 학문적 지식을 습득한 수준

◆ 외국어 수준

level 5	외국인으로서 최상급 수준의 의사소통(교양 있는 원어민에 버금가는 정도로 의사소통)이 가능한 수준
level 4	자기 분야의 전문 외국정보·자료를 완벽하게 독해할 뿐만 아니라 이를 능숙히 발표, 강의 또는 토론할 수 있으며, 회의, 세미나 등의 행사 절차 및 방식에 능통하며, 행사 등을 진행할 수 있는 수준
level 3	자기 분야의 전문적 정보·자료에 대해 완벽히 독해가 가능한 수준이며, 어떤 상황에서도 적절한 커뮤니케이션을 할 수 있는 바탕을 갖추고 있고, 전문적인 세미나, 국제회의 등에서 부분적인 회화가 가능한 수준
level 2	한정된 분야에 관련된 외국정보를 큰 어려움 없이 독해할 수 있으며, 일상생활의 필요를 충족하고, 한정된 범위 내에서는 업무상의 커뮤니케이션이 가능한 수준
level 1	업무 중 한정된 분야에 관련된 외국정보를 대체로 독해할 수 있는 수준으로, 일상 회화에서 최저한의 커뮤니케이션이 가능하며, 상대방이 천천히 말하거나 되풀이하여 말하면 간단한 회화는 이해할 수 있는 수준

◆ 정보화 능력 수준

level 5	• 새로운 기술 및 고객요구에 대응하여 기존 시스템을 분석, 개선할 수 있으며, 새로운 정보기술을 창출해 내는 수준
level 4	• 자신의 업무분야와 관련된 새로운 응용소프트웨어를 설계하거나, 또는 기존의 응용소프트웨어를 개선할 수 있는 수준 • 시스템의 설치, 검사, 운영, 장애복구, 유지 등을 총괄 관리할 수 있는 수준
level 3	• 표준적으로 제공되는 하드웨어와 소프트웨어에 능숙하며, 필요한 경우 통계 프로그램 등 고급 프로그램을 이용하여 업무를 능숙하게 수행하는 수준 • 대부분의 장애는 스스로 복구 가능하며, 타인을 지도·지원할 수 있는 수준
level 2	• PC를 이용한 홈페이지 검색, 문서작성, 수발 및 e-mail 교환 등을 자유로이 운영할 수 있는 수준 • Office 프로그램 등 표준적으로 제공되는 OA 소프트웨어 등을 자유로이 운영하여 필요한 업무를 무난히 수행하는 수준
level 1	• PC의 단순 워드기능은 소화하여 운영할 수 있는 수준 • 단순히 자신의 e-mail을 확인할 수 있는 수준

본 직무기술서는 채용뿐만 아니라 추후 직위에 대한 다양한 인사관리의 목적에 활용될 수 있는 자료로서, 작성자 및 확인자가 서명·날인하는 것은 현 재직자들의 확인 작업을 통해 작성된 직무기술서의 책임성과 신뢰성을 보다 높이기 위한 것입니다. 「작성자」란에는 해당 직무를 담당하고 있는 사람의 성명을 기입하고, 해당자의 서명을, 「확인자」란에는 해당 작성자의 직상급자 또는 부처별 인사책임자의 성명을 기입하고, 해당자의 서명 또는 날인을 받습니다.

서식 3-16 채용직무기술서 예시-1

직무개요: 인사기획

1. 직무명 및 직무정의

인사는 조직의 목표 달성을 위해 인적 자원을 효율적으로 활용하고 육성하기 위하여 직무조사 및 직무 분석을 통해 채용, 배치, 육성, 평가, 보상, 승진, 퇴직 등의 제반 사항을 담당하며, 조직의 인사제도를 개선 및 운영하는 업무를 수행하는 일이다.

2. 직무책임 및 역할

주요업무	책임 및 역할
인사전략 수립하기	• 조직의 비전과 중·장기사업전략에 따라 인사전략 환경을 분석한다. • 인사전략 환경분석 결과에 따라 중·장기인사전략의 방향성을 수립한다. • 중·장기방향성에 따라 당해 연도의 인사전략을 수립한다.
인력운영계획 수립하기	• 수립된 인사전략에 따라 인력의 수요를 예측한다. • 인력수요 예측 결과에 따라 현 인원의 적정성을 분석한다. • 적정성 분석결과에 따라 인력운영 계획을 수립한다.
인건비 운영계획 수립하기	• 인력운영계획에 따라 인건비에 변동을 주는 영향요인을 파악한다. • 영향요인을 반영하여 인력운영 효율성을 분석한다. • 인력운영 효율성 분석에 따라 조직의 인건비 운영계획을 수립한다.

3. 직무수행 요건

지식	• 관리회계 • 근로기준법 • 인사규정 • 인사전략 환경분석법	• 적정인력산정법 • 전략적 인적자원관리 • 직무분석
기술	• Spread Sheet 기술 • 비전과 중장기 사업 전략 분석 • 인건비 운영 시뮬레이션 능력 • 인력수요예측기술	• 인력운영의 효율성 분석 능력 • 조정능력 • 환경분석 능력
태도	• 객관적 태도 • 거시적 시각 • 공정한 태도 • 분석적 태도	• 전략적 사고 • 정확성을 높이기 위한 적극적 태도 • 치밀하고 꼼꼼한 태도 • 포괄적 시각

서식 3-17 채용직무기술서 예시-2

직무	인사
직무 목적	조직에 적합한 인재를 확보하기 위하여 계획수립, 모집, 선발, 채용 후 사후관리를 수행할 수 있다.

- 직무책임 및 역할

주요업무	책임 및 역할
채용계획 수립하기	• 중장기 사업전략과 연간 사업계획에 따라 당해 연도 인력 소요 계획을 파악한다. • 퇴직, 이동, 승진을 고려하여 조직 내부에서 충원 가능한 인력을 분석한다. • 파악된 수요인력과 공급인력을 분석하여 채용규모를 계획한다. • 필요분야, 채용규모, 충원시기를 고려하여 채용계획을 수립한다.
채용예정자 모집하기	• 필요인력확보를 위하여 노동시장환경을 분석한다. • 수립된 채용계획에 따라 효율적인 모집방법을 계획한다. • 필요한 인력을 확보하기 위하여 지원자에게 채용 정보를 설명한다.
채용예정자 선발하기	• 지원자의 입사지원서를 바탕으로 모집 직무별 서류전형을 실시한다. • 서류전형 합격자를 대상으로 면접전형을 실시한다. • 면접전형 결과를 바탕으로 합격자를 선발한다.
채용 사후관리 하기	• 입사예정자를 대상으로 입사 전 사전교육을 실시한다. • 입사예정자의 적성 능력을 바탕으로 부서배치를 결정한다. • 선발된 우수인력을 유지하기 위하여, 입사예정자 및 예정자의 가족을 대상으로 조직 문화를 전파한다.

- 직무수행 요건

구분	상세내용		
지식	• 조직의 이해 • 면접기법 • 노동법 • 조직 비전체계 수립 방법	• 조직의 취업규칙 • 채용기법 • 인·적성 검사기법	• 채용 예정자 사후관리 사례연구 • 홍보 매체 활용 • 중장기 사업전략 수립 방법
기술	• 통계처리능력 • 비용효과분석 기술 • 인력운영계획수립능력	• 문서작성기술 • 커뮤니케이션 기술	• Spread Sheet 활용 능력 • 프리젠테이션 기술
태도	• 적극적 의견 청취 자세 • 객관적 태도 • 전략적 사고	• 분석적 사고 • 적극적 태도	• 개방적 의사소통 • 사교적 태도
관련자격사항	• 공인노무사	• 경영지도사(인적자원관리)	
사전직무경험	• 인사평가, 조직문화관리, 인사 아웃소싱		

서식 3-18 NCS 기반 채용직무기술서

일반요건	연령	제한 없음
	성별	무관
교육요건	학력	무관
	전공	무관
필요지식	인사기획	• 관리회계 • 직무분석
	직무관리	• 직무평가법 • 조직전략
	인력채용	• 채용기법 • 면접기법
	인력이동관리	• 경력개발방법론 • 면담기법
	인사평가	• 평가기법 • 역량모델링
	핵심인재관리	• 핵심인재관리 모델 • 조직개발 방법 • 경력개발 방법
	교육훈련운영	• 직무분석 • 역량모델링 • 인력육성체계 수립방법
	조직문화관리	• 조직문화 진단법 • 사회조사 방법론 • 조직행동론
	전직지원	• 직업상담심리이론
필요기술	인사기획	• 환경분석
	직무관리	• 인터뷰(개인·그룹) 기술
	인력채용	• 커뮤니케이션 기술
	인력이동관리	• 직무분석
	인사평가	• 분석력 • 기획력
	교육훈련운영	• 체계 수립에 필요한 기획력 • 교육요구분석
필요기술	조직문화관리	• 커뮤니케이션 기술 • 설문지 개발 기술 • 조직문화진단 분석
	전직지원	• 직업정보론
필요자격	해당사항 없음	
직업기초능력	의사소통능력, 수리능력, 문제해결능력, 자원관리능력, 정보능력, 기술능력, 직업윤리	
참고사이트	http://www.ncs.go.kr	

채용직무	인사	분류번호	능력단위
		0202020101_13v1	인사기획
		0202020102_13v1	직무관리
		0202020103_16v2	인력채용
		0202020104_16v2	인력이동관리
		0202020105_13v1	인사평가
		0202020106_13v1	핵심인재관리
		0202020107_16v2	교육훈련 운영
		0202020108_16v2	임금관리
		0202020109_16v3	급여지급
		0202020110_16v2	복리후생관리
		0202020111_13v1	조직문화관리
		0202020113_13v1	인사아웃소싱
		0202020114_16v3	퇴직업무지원
		0202020115_16v3	전직지원

직무능력 관련 자격사항	
A. 국가기술자격	B. 개별법에 의한 전문자격
소비자전문상담사1급 소비자전문상담사2급 컨벤션기획사1급 컨벤션기획사2급 직업상담사1급 직업상담사2급 사회조사분석사1급 사회조사분석사2급	경영지도사(재무관리) 경영지도사(마케팅) 경영지도사(인적자원관리) 경영지도사(생산관리) 변리사 변호사 법무사 공인노무사
C. 국가공인 민간자격	D. 기타자격
ERP인사정보관리사	

채용분야	인사총무	대분류	2. 경영·회계·사무			
		중분류	2. 총무·인사			4. 생산·품질
		소분류	1. 총무	2. 인사·조직	3. 일반사무	1. 생산관리
		세분류	1. 총무	1. 인사	2. 사무행정	1. 구매조달

직무수행내용	• **(총무)** 조직의 경영목표 달성을 위해 자산의 효율적인 관리, 임직원에 대한 원활한 업무지원 및 복지지원, 대·내외적인 회사의 품격 유지를 위한 제반 업무 지원 • **(인사)** 조직의 목표 달성을 위해 인적자원을 효율적으로 활용하고 채용, 배치, 교육훈련, 평가, 보상, 승진, 퇴직 등의 조직의 인사제도를 운영하는 업무 지원 • **(사무행정)** 문서관리, 문서작성, 데이터관리, 사무자동화 관리운용 등 조직 내부와 외부에서 요청하거나 필요한 업무를 지원하고 관리하는 업무 지원 • **(구매조달)** 조직의 경영에 필요한 자재, 장비, 장치를 조달하기 위해 구매계약 체결, 구매협력사 관리, 구매품질, 납기, 원가 관리 지원
필요지식	• **(총무)** 근로기준법, 행사 기획·운영, 차량운영규정, 인장관리규정, 문서관리 프로세스, 복리후생 규정과 운영계획 수립 방법, 예산수립방법, 보안규정, 문제해결기법 등 • **(인사)** 인적자원관리, 직무분석 방법론, 인사규정, 근로기준법, 조직의 이해, 채용기법, 면접기법, 성과 평가기법, 인건비 분석, 경력관리, 교육요구 분석, 역량모델링 등 • **(사무행정)** 문서기안 절차, 문서작성 목적, 보고절차, 문서관리규정, 보안규정, 회계규정, 회계시스템, 업무규정, 부서내의 업무프로세스, 근태, 출장, 교육과 관련된 회사규정 • **(구매조달)** 조달방법 절차 및 규정, 구매원가·재무제표 기초지식, 계약·구매·협상 절차의 이해, 구매·계약 관련 법규, 계약서 구성체계, 발주 시점 관리 및 자재 표준화
필요기술	• **(총무)** 문서작성 기법, 정보수집방법, 환경 분석방법, 행사 진행·운영기술, 대인관계 기술, 협상능력, 차량점검 체크리스트 작성 기술, 벤치마킹, 컴퓨터 활용기술, 문제해결 능력 • **(인사)** 환경 및 직무분석, 인력운영 효율성 분석, 문서작성 능력, 조직 인력운영 기술, 인력수요예측 기술, 교육요구 분석력, 교육과정 설계, 인사관리시스템 활용능력 • **(사무행정)** 문서정리 능력, 문서기안 능력, 의사표현 능력, 컴퓨터 활용능력, 정보검색 능력, 데이터베이스 관리능력, 전자정보시스템 활용 기술, 회계시스템 사용능력 • **(구매조달)** 구매계획 수립 능력, 구매 계약내용 검토 능력, 구매품 견적 및 제안서 평가 능력, 계약서 작성 능력, 계약체결 요령
직무수행태도	• **(총무)** 종합적 접근, 지속적 학습, 우호적 인간관계, 논리적·분석적 사고력, 치밀하고 꼼꼼한 자세, 솔선수범하는 자세, 타부서와의 협업 자세, 서비스 자세, 철저한 준비성 • **(인사)** 공정하고 객관적인 태도, 개방적 의사소통, 균형감각, 원칙을 준수하는 태도, 전략적 사고, 인적자원에 대한 관심, 교육품질에 대한 관심 • **(사무행정)** 요청내용에 대한 적극적 경청하는 태도, 일정계획 준수, 성실성, 자료의 객관성 유지, 문서보안 준수, 업무협조 요청에 따른 적극적 수용의지, 부서원과의 팀워크 지향 • **(구매조달)** 기관목표와 연계한 구매·계약·협상을 수립하는 태도, 협상내용 준수, 데이터의 객관성 확보노력, 조사분석의 정확성 확보노력, 객관적이고 분석적인 태도
직업기초능력	• 의사소통능력, 수리능력, 문제해결능력, 자원관리능력, 조직이해능력, 자기개발능력, 대인관계능력, 직업윤리
필요자격	• 경영·회계·사무 관련 전공자 및 전문 지식, 경험 보유자
참고 사이트	www.ncs.go.kr

서식 3-19 면접 전 확인 시트

면접 전 확인사항	☑ 지원자에게 설명할 자사의 강점, 성장기회, 복리후생 등 매력요소 정리
	☑ 자사의 약점과 개선을 위해 실시하고 있는 내용
	☑ 이번 채용의 목적
	☑ 채용 분야에 대한 구체적인 직무내용
	☑ 직무를 수행하기 위한 지식Knowledge 기술Skill 태도Attitude
	☑ 지원자에 대한 개인정보를 확인하고 지원서상 미완성된 정보를 질문을 통해 확인할 사항을 점검
	☑ 채용공고 및 채용 프로세스(모집기간, 모집부문, 서류전형, 필기전형, 면접전형, 최종발표일, 최종 입사일 등)
	☑ 지원자의 적합성을 제대로 평가할 수 있는 명확한 측정지표 및 평가레벨
	☑ 조직, 직무, 동기, 태도 적합성을 확인할 수 있는 과학적인 면접질문
	☑ 평가기준을 기반으로 하고 면접관의 오류를 방어할 수 있는 구조화된 면접평가표
	☑ 면접관끼리 역할분담
	☑ 비대면 면접일 경우 면접솔루션 사용방법 및 비대면 면접 매너

서식 3-20 채용 계획 수립 시 편견요소 배제

주요 편견요소로는 출신지역(본적), 가족관계, 성별, 종교, 연령, 신체조건, 외모, 사회적 신분, 학력, 출신학교 차별 등이 있다.

구분	채용 공고	입사지원서	면접전형
성별	특정 성별 제한	성별에 따른 양식, 기재 항목, 구비서류 요구	성별 관련 차별적 질문, 별도의 질문 시간 할애
신앙	특정 종교 제한	종교 기재 요구	종교 관련 사항 질문
연령	일정 연령 이하 또는 이상 제한	생년월일, 학교 입학 연도, 졸업 연도 기재 요구	연령에 대한 질문
신체조건	직무 관련성 없이 신장, 체중 등 제한	사진부착 요구, 직무 관련성 없이 신장 등 기재 요구	면접 과정에서 용모 및 신체조건에 대해 질문
사회적 신분	직무 관련성 없는 신분(전과) 등 제한	전과 등 사회적 신분 등 기재 요구	지원자에 대한 신원조회 결과 활용
출신지역	탈북자 등 출신지역 제한	출신지, 본적 등 기재 요구	출신지역에 관한 질문
학력 및 출신학교	특정 학교, 학력 이상 또는 이하 제한	직무에 필수적인 조건, 출신학교 등 기재 요구	출신학교 등 질문
혼인 및 임신	결혼 여부, 임신 여부 등 제한	결혼 여부, 임신 여부 등 기재 요구	결혼 여부, 임신 여부 등 질문
가족관계	가족 관련 사항 등 제한	가족 관련 사항 등 기재 요구	가족 관련 사항에 대해 질문

서식 3-21 채용 단계별로 공정성 확보를 위한 내용

채용 절차	공정성 확보
채용 공고	• 공고 내용을 기준으로 지원을 준비하게 되므로, 채용과 관련된 필수적인 정보는 공고문에 제시 • 채용 공고는 가능하면 복수의 매체를 통해서 게시 • 지원자가 준비할 수 있게 미리 공고하고, 공고문에 명시한 대로 채용 진행 • 공고문의 내용은 원칙적으로 변경 불가능하고 부득이한 경우에 한하여 변경 또는 재공고 실시 • 변경 또는 재공고를 실시할 때 지원자에게 불편함이 없도록 충분히 고지 • 합격자 결정과 관련한 가산점과 우대 사항은 공고문에 명시
원서접수	• 지원자의 궁금증 해소 또는 민원 사항 조치를 위한 담당자 연락처, 원서접수 도움창구 제시 • 응시원서 작성 및 제출 서류 준비에 소요되는 시간을 감안하여 원서접수 기간을 충분히 설정 • 개인정보 보호 등 보안에 유의 • 가급적이면 사진이 없는 지원서 활용
서류전형	• 응시원서 및 제출 서류에 출신지역, 가족관계, 신체적 조건, 학력 등 편견을 유발할 수 있는 정보 요구 금지 • 지원자의 증빙자료는 최소한으로 제출하도록 하고 개인정보, 학위증빙 등의 자료를 평가위원에게 제공하지 않음 • 공정한 평가를 위해서는 내부 및 외부 평가자가 같이 평가 • 지원자의 자격, 경력 등과 관련된 증빙서류가 응시자격 요건 등 당초 공고 기준과 부합하는지 확인
필기전형	• 문제 유출 방지, 외부인 무단침입 통제 등 보안관리에 대해 유의 필요 • 필기시험 집행 시 발생할 수 있는 돌발상황 및 부정행위 대응을 위해 파견관 및 감독관을 대상으로 사전교육 실시 • 장애를 가진 지원자가 필기시험에 응시하는 경우, 시험 기간 연장, 장소 및 장비 등 편의 지원
면접전형	• 평가의 특성을 고려하여, 특정 입장을 지지하거나 특정 답으로 유도하지 않도록 자료의 균형 유지 • 동일 유형의 직무, 직급의 대상으로 진행할 때는 대상자별 면접시간을 균등하게 사용 • 면접위원의 평가오류를 줄이고 면접역량 강화를 위해 면접위원 유의 사항 등 사전교육 실시
합격자 결정 발표	• 채용기준을 정확히 준수했는지 확인 필요 • 합격자 발표는 사전 공지된 일자에 공지된 방식으로 진행 • 응시생에게는 민원 또는 이의제기 절차에 대해 안내하고 관련된 의견 수렴

PART 04
적합한 인재 유인하기

인재 채용 지침서
채용의 교과서
WORK BOOK

04 PART 적합한 인재 유인하기

서식 4-1 채용 공고 및 지원자 모집 프로세스

채용 프로세스 설계
- 모집 및 홍보의 구체적인 실행 방안 설계
  - 전형 및 평가 요소 설계
  - 채용 절차 설계
  - 전형별 일정 및 대상 인원 결정

▼

채용공고 문구 개발
- 채용 계획 및 전형 절차에 따라 구인 광고 문구 개발
  - 채용 분야 및 형태
  - 채용 전형 방식 및 일정
  - 우대사항 및 제출 서류

▼

입사지원서 개발
- 구인광고 내용에 따른 입사지원서 개발
  - 입사지원서 항목 설정
  - 입사지원서 항목별 상세 내용 설정
  - 자기소개서 항목 설정 및 질문 개발

▼

서류 접수 준비
- 온라인 채용 시스템 준비
  - 채용전략에 따라 자유롭게 설계 가능한 채용 평가관리 솔루션 준비
  - 채용 시스템의 각 기능별 정상 작동 여부 점검

▼

모집 및 홍보
- 채용 대상자에 적합한 모집 및 홍보 방법 활용
  - 기술직 : 특정 분야 지원자를 위한 모집·홍보 전략 활용
  - 일반직 : 일반 채용 포털사이트 활용

▼

서류 접수
- 서류 접수 관리
  - 입사지원서 접수 현황 모니터링
  - 지속적인 모집·홍보 활동
  - 문의사항 응대

채용 공고 개발

채용 계획 및 채용 전형에 대한 내용을 바탕으로 채용 공고를 개발하고 지원자에게 어필할 자사의 강점을 반드시 포함한다.

서식 4-2 채용 공고 필수 요소

구분	항목	내용
지원자 유인 문구	홍보문구	자사의 강점, 직무의 강점, 성장, 워라밸 등
채용 분야 및 형태	채용분야	회사 내 조직도상 채용이 이뤄지는 분야
	직무내용	상세한 직무소개 및 강점요소 안내
	채용직급	채용 직급
	채용형태	정규직·계약직·인턴 등 채용 형태
	채용인원	채용 분야별 채용 인원
	응시자격	지식, 기술, 태도 관련 자격 요건
	근무지역	실제 근무하게 될 지역("시·군" 단위)
연봉 및 복리후생	연봉정보	실제 받는 연봉정보
	인센티브	인센티브 또는 상여금 제도 및 소개
	복리후생	4대보험 및 기본 복리후생
	강점소개	근무 분위기, 워라밸, 성장, 교육, 휴가, 의료 등 강점이 되는 제도 소개
채용 프로세스	채용 절차	서류-필기-면접 등의 전형 절차
	일정(옵션)	전형별 세부 일정
	장소(옵션)	필기 및 면접전형 장소
	비고	서류전형 : 채용 시스템 URL 필기전형 : 필기시험 과목명 면접전형 : 면접 절차·기법
우대사항 및 제출 서류	취업지원 대상자	해당되는 경우
	장애인	해당되는 경우
	지역 인재	해당되는 경우
	자격증	입사지원서에 기재한 자격증
기타	채용일자	합격 후 실제 입사 일자
	결격사유	결격 사유
	문의사항	채용담당자 연락처

서식 4-3 채용 공고 샘플

처음이시라고요? 업무에 대해 자신이 없으시다고요?
시너지컨설팅 대표컨설턴트도 처음에는 할 줄 모르셨다고 합니다.
교육과 훈련 그리고 실무를 통해 충분히 전문가로 만들어 드립니다. 태도와 열정만 있으시면 됩니다.

■ 모집부문 및 자격요건

채용영역	컨설팅 비즈니스 유닛
모집부문	제안PT 전문가 경력 [직무내용 자세히 보기-홈페이지 직무소개자료 링크]
직무소개	• 기업의 제안요청서를 토대로 제안의 범위, 사양, 규모, 일정 등 과업의 내용을 파악 • 고객의 요구 사항이 부각될 수 있도록 제안서 목차 작성 및 목차에 포함된 정보를 수집하여 차별화된 콘텐츠 개발 및 제안서 작성 • 정확하고 쉬운 표현을 사용하여 제안 내용을 다듬고, 중요한 내용은 시각화하여 표현 • 제안 준비를 위하여 제안팀 구성, 제안서 작성, 제안서 검토, 제안서의 인쇄·제본·제출 • 고객의 요구와 수주 전략에 맞추어 제안 발표 자료, 제안 시나리오, 시연을 준비 • 자사의 서비스가 채택될 수 있도록 평가자에게 정확히 내용을 설명하고 제안의 특징과 장점을 전달할 수 있는 제안 발표 • 자사 서비스의 기능과 성능을 검증하기 위한 질의응답에 대응
자격요건	• 경력: 대졸 수준으로 경력 5년 이상인 분 • 고객 입장에서 생각하는 태도 • 성실하고 침착한 발표 태도 • 고객 요구에 제안서를 맞추고자 하는 태도 • 고객의 반론Objection을 유연하고 부드럽게 대응하는 긍정적인 태도 • 고객의 제안요청 의도를 이해하려는 자세 • 제안서를 꼼꼼히 검토하려는 자세 • 고객의 질의에 적극적으로 공감하고 수용하는 대처 자세

자격요건	• 발표 중 돌발 상황에서도 평정심을 유지하는 태도 • 자사 제안에서 경쟁사 제안 대비 우수함을 찾아내는 태도 • 작성 기한을 준수하는 태도 • 제안요청서의 세부사항을 놓치지 않는 치밀함 • 엄청난 집중력과 탁월한 직업윤리
인원	경력 2명
위치	서울 성동구 왕십리역(지하철 2호선, 5호선, 중앙선, 분당선) 2번 출구 200m

시너지컨설팅은 스펙 없는 열린 채용으로 학력, 학점, 외국어 성적, 수상경력 등의 내용에 대해서는 자격요건이 없습니다. 다만 조직 적합성을 판단하기 위해 지원 시 하단에 있는 시너지 NUTS를 숙지하시고 동의하는 분에 한하여 지원 바랍니다.

■ 급여조건
- 컨설팅 프로젝트 제안PT전문가: 연봉 4,500~4,800만 원(직무경력에 따라 차등)
- 프로젝트 수주 및 성공적인 운영에 따른 성과급 지급
- 매년 연말 성과에 따른 초과 이익 공유PROFIT SHARE제도 실시
- 3개월 시용 기간 후 전환 조건
- 평가기준 (동료평가 60% + 상사평가 20% + 경영진 평가 20%)

■ 복리후생
- 수평적 조직문화
- 젊은 연령층 구성으로 배려와 존중의 문화 정착
- 주 5일 근무(월~금)
- 법정복리후생(4대보험, 퇴직금, 자유로운 연차사용)
- 중식(식대)제공
- 간식지원(카페테리아 운영)
- 직계가족의 통원 치료비, 입원비 발생 시 최고 1,000만 원 의료비 지원
- 생일 축하금 및 조기퇴근
- 경조사비 지급(결혼, 결혼기념일, 직계가족 관혼상제)
- 명절선물 지급(설, 추석)
- 콘도지원(전국 주요 관광지에 위치한 콘도를 이용할 수 있도록 지원)
- 매주 월요일 인간관계 교육(자기개발, 인간관계, 리더십 관련)
- 매주 수요일 직무교육 진행(HR 관련 트레이닝)
- 문화활동 지원(문화예술동아리 지원, 문화회식 지원)
- 사내 학습동아리(영어, 일어 외부강사 출강)
- 독서경영(매월 1권의 필독서 제공)
- 외부교육 기회 부여로 역량강화 및 인간관계 스킬 업
- 업무 성과에 따른 각종 포상제도(해외여행, 포상금, 휴가 등)
- 시너지 가치를 공유한 인재는 근속기간과 상관없이 승진 기회 부여

■ 채용 프로세스

1단계	입사지원서 스크리닝(조직이해, 직무이해, 동기부여 적합성, 장기이해 등)
2단계	전화 인터뷰(사전 지정한 일시에 유선으로 구조화된 전화 인터뷰 실시)
3단계	현업 컨설턴트 면접(구조화된 면접 진행으로 조직, 직무, 동기적합성 확인)
4단계	TALENT-A 인성검사
5단계	대표컨설턴트 ATOM HIRING 면접 아톰은 적응력(A), 기술(T), 조직(O), 동기(M) 적합성을 평가하는 모델로서 시너지컨설팅에서 개발한 새로운 면접 개념이다.
6단계	입사 후 3개월간 동료 및 리더 평가 이후 정식 채용

■ LEARNING

시너지컨설팅이 구분되는 업계는 'HR산업'이라고 하는 카테고리에 분류됩니다만, 이 업계는 대학생이나 업계를 잘 모르는 분은 그 내용을 알기 힘들다고 생각합니다. 따라서 시너지를 포함한 '인재'나 '인사'를 비즈니스로 하고 있는 기업에 대해 이해하고, 여러분들이 시너지에 입사하면 무엇을 배울 수 있는지 그 내용을 비교해 보았습니다. 귀하가 시너지를 만나는 그 순간부터 끊임없는 학습과 훈련, 그리고 최고의 실질적인 컨설팅 노하우를 경험하고 배우게 될 것입니다.

[LEARNING 자세히 알기-홈페이지 링크]

■ TRAINING

시너지에 발을 들여놓은 입사 첫날부터, 여러분은 시너지의 리더십 그룹 및 멘토로부터 집중적인 트레이닝을 받게 됩니다. 이 트레이닝을 통해 당신은 실습 위주의 독특하고 빠른 학습을 경험할 수 있습니다. 시너지의 리더십 그룹 및 멘토들은 각 커리어 단계마다 당신에게 공식적, 비공식적으로 가이드와 피드백을 제공할 것입니다. 시너지는 HR PROFESSIONAL 육성을 위해 다양한 트레이닝과 학습에 많은 투자를 하고 있습니다. 그중 가장 강력한 트레이닝은 직무전문성에 대한 것으로 매일 제공되는 성과코칭을 통해 여러분은 시너지로부터 통찰력을 얻을 수 있습니다.

[TRAINING 자세히 알기-홈페이지 링크]

■ NUTS! 핵심가치

우리의 핵심가치 시너지 너츠는 구성원 한 사람 한 사람이 이해하고 행동하며, 하나의 행동양식이 되어 지켜 나가야 할 것을 정해 놓은 것으로 인재육성이나 평가의 기준으로 활용한다.

NUTS	INTENT	ACTION 이런 특징을 가진 인재들을 특별히 아끼고 성장시키며, 너츠가 아니라고 판단되는 사람은 스스로 버스에서 내리거나 내리게 한다.
직업윤리	양심에 따라 일하고 대가를 받는다.	도덕적 가치를 지키기 위해 경기장에서 놀지 않는다. 근무시간은 나의 시간과 열정에 대한 대가를 받는 시간이다.
고객만족	고객에게 전설의 서비스를 제공한다.	고객의 입장에서 생각하고 행동한다. 적합한 인재추천 및 최적의 솔루션을 통하여 전설의 서비스를 제공한다.
성과창출	로또는 독약이고 땀은 비타민이다.	거절이나 실패에 대한 두려움을 극복한다. 어렵고 고통스러워도 정직한 역량으로 승부하여 성과를 창출한다.
자기개발	시간이 아니라 의지가 없는 것이다.	미친 듯이 학습한다. 배우고 성장하기 위하여 주도적으로 묻고, 듣고, 읽는 것에 시간과 노력을 투자한다.
사람중심	당신 옆 동료가 최고의 사람이다.	직급보다는 사람과 능력에 집중하며, 나보다는 동료를 우선시한다. 이타적인 사람이 가장 빨리 성공한다.

■ 기타 유의사항

- 지원서 기재착오, 누락 등으로 인한 불이익은 본인 책임이며, 기재 사항이 제출 서류와 일치하지 않거나 허위임이 판명될 경우 합격 또는 입소가 취소될 수 있습니다.

■ 연락처

- 담당자: 홍길동
- 연락처: 010-4183-**** / 02-571-9192 (내선 123)
- e-mail: recruit@thesynergy.co.rk

서식 4-4 홍보 방법별 주요 특징

모집·홍보 방법	타깃	용이성	비용
회사 홈페이지	넓음	쉬움	적음
채용포털	매우 넓음	쉬움	많음
취업사이트(워크넷, 일모아)	넓음	쉬움	적음
대학교 학과사무실	좁음	보통	적음
대학교 취업지원센터	보통	보통	적음
채용박람회	보통	어려움	많음
캠퍼스 리크루팅	보통	어려움	많음
헤드헌팅	좁음	보통	많음
인터넷 취업카페	보통	보통	적음
인재풀 등록	좁음	쉬움	적음
한인 유학생회 홈페이지	보통	보통	적음
해외 대학교 학생회	보통	보통	적음
장애인 고용포털	좁음	쉬움	적음

PART 05
선별 도구로서의 입사지원서

05 PART 선별 도구로서의 입사지원서

서식 5-1 서류전형 준비 시 고려 사항

고려 사항	IT, 개발, 연구, 엔지니어 등 지원자가 많지 않은 직무	일반사무, 경영지원, 마케팅 등 지원자가 많은 직무
채용 대상	• 직무를 수행할 수 있는 '전문성' 또는 이와 관련된 '경험, 성과, 지향성' 등을 중심으로 평가 요소를 설정한다.	• 직무에 요구되는 '지식·기술·태도' 중심으로 평가 요소를 설정한다.
평가 기준	• 채용 인원에 비해 지원자 수가 적은 경우가 많기 때문에, 모든 입사지원서를 검토할 수 있다. • 평가 기준은 '전문성' 및 '경험 및 성과'와 관련된 항목을 우선순위로 선정하며, 정량적·정성적 평가 기준을 모두 활용할 수 있다.	• 채용 인원에 비해 지원자 수가 월등히 많기 때문에, 모든 입사지원서를 검토하기 곤란하다. • 이로 인해 입사지원서 항목 중 직무와 관련성이 높은 항목을 우선순위로 선정하여 정량적 평가 기준을 설정한다. • 평가 기준은 가능한 한 객관적인 자료를 바탕으로 정량적으로 평가할 수 있는 요소여야 한다.
자기 소개서	• 전문성, 경험, 성과, 입사 후 기여 부분 등 지원자의 전문성과 관심 분야와 관련된 사항을 중심으로 자기소개서 항목을 설정한다.	• 기업의 공통역량, 직무역량, 동기적합성 중심으로 자기소개서 항목을 설정한다.

서식 5-2 서류전형 프로세스

1. 지원 자격 요건 확인

- 채용 모집 시 공고한 지원 자격 요건을 지원자가 충족하는지 여부를 확인해야 함
- 지원자들이 입력한 내용 중, 중복이나 오기입된 내용이 없는지 검토함

▼

2. 입사지원서 및 자기소개서 평가

- 서류전형 평가 시 측정하기로 한 직무, 조직, 동기적합성에 대해 정량적 및 정성적 방법을 통해 평가할 수 있음

정량적 평가 (기술, 지식, 경험)	정성적 평가 (태도, 가치, 동기)

▼

3. 가점 부여 및 지원자 순위 도출

- 채용 관련 법규 및 지침에서 규정하고 있는 우대사항을 확인하고 가점을 부여함
- 가점 부여 후 서류전형 평가 결과에 따라 지원자의 순위를 부여함

▼

4. 서류전형 평가 결과의 검토

- 서류전형과 관련하여 지원자가 제출한 서류 및 내용의 진위 여부를 확인한 후 이상이 없으면 결과로 확정함

5. 서류전형 결과 발표

- 결과 확정 후 전형 결과를 유선, 메일, 문자 등의 수단을 통해 안내함

서식 5-3 서류전형 평가도구 확인

회사의 조직적합성(비전, 가치, 인재상, 기업문화), 직무적합성(지식, 경험, 능력, 자격), 동기부여 적합성(동기, 지원동기, 성취동기) 등의 영역과 서류전형 평가도구와의 매칭

영역		중점 확인사항	채용공고	서류전형		
				입사지원서	자기소개서	경력기술서
조직적합성	사업이해	인재상, 가치, 미션, 비전, 사업내용, 산업이해 최근 동향화 상품·기술 등의 변화 추세 지식 보유했는가?	●		●	
	의사소통	상태의 기대나 욕구를 명확히 이해하고, 자신의 의사를 다양한 방식으로 표현 및 전달하는가? (언어적, 문서적 의사소통 능력)			●	
	관계지향	사회적 역량, 개인과 환경과의 상호작용, 타인에 대한 감정이나 자극을 받아들이고 이해하는가?			●	
직무적합성	전문성	직무이해, 역량, 직무지식과 기본 소양을 바탕으로 복합적인 사고를 발휘하여 상황을 종합적으로 해결하는가?	●	●	●	●
	직무경험	직무 관련 경험이나 경력, 직무 관련 자격증 / 일반 자격증, 직무와 유사한 경험이나 경력이 있는가?	●	●	●	●
직무적합성	직무관심	직무 관련 자기개발, 부족한 점, 잠재 능력 개발을 하고 있는가? 최근 직무 관련 잠재 능력을 연구하고 개발하고 있는가?			●	
동기적합성	동기적합	회사 또는 직무로부터 기대하거나 바라는 요인과 실제로 그 요인이 얼마나 일치하는지 파악한다.			●	
	지원동기	일반적인 취업 준비가 아닌, 우리 회사 또는 해당 직무를 위한 입사 준비를 위한 행동 확인한다.		●	●	
	성취동기	도전적인 목표에 대한 구체적인 달성 계획을 수립하고 행동하는가? 가장 최근의 성취 경험은 무엇인가?		●	●	●

서식 5-4 서류전형 평가도구 선택

입사지원서, 자기소개서, 경험기술서, 경력기술서 등 직무에서 요구되는 적합한 서류전형 평가도구 선택

구분	내용
입사지원서	• 평가의 목적으로 직무 관련 사항을 기재하도록 요청하는 지원서 • 인적사항, 교육사항, 경력사항, 자격사항, 기타 직무 관련 사항
자기소개서	• 기업의 핵심가치, 인재상과 관련된 사항을 확인할 수 있게 구체적으로 설계된 지원자소개서
경력(경험) 기술서	• 입사지원서에 기재한 경력(경험)사항을 보다 상세히 기술한 기술서 • 직무와 관련된 업무 수행 경력(경험) 기술 또는 포트폴리오 작성

서식 5-5 입사지원서 개발

지원서의 항목개발, 타당성 확보, 평가 기준 설계를 통한 입사지원서 개발

단계	프로세스	내용
1	입사지원서 항목 도출 및 초안 개발	• 채용직무의 내용, 고용형태(정규·계약), 경력구분(신입·경력) 등의 사항을 검토 • 반드시 수집해야 할 최소한의 인적사항 구성 • 직무 관련 정보들을 기반으로 채용직무의 필수 요건 및 선발요건 설계 • 직무특성에 따라 포트폴리오 첨부 양식 개발
2	입사지원서 항목 타당성 검증	• 입사지원서 초안의 적절성 검토를 위해 채용직무 관련 직무 전문가 의견 수렴 • 관련 부서의 요구에 따라 항목과 평가 기준을 수정·확정
3	입사지원서 평가기준 설계	• 입사지원서 항목과 직무수행 간 관련성 분석 • 편견 및 차별 유발 요소 검토 및 제외 • 주요 항목별 가중치 도출 • 직무전문가를 통한 타당성 검증
4	입사지원서 최종본 개발	• 입사지원서 최종본 확정

서식 5-6 입사지원서 개발 예시

- 채용 공고문에 기재된 사항을 누락하지 않고 기재할 수 있도록 입사지원서 항목을 구성해야 하며, 채용에 반드시 필요한 항목만 포함해야 한다.
- 일반적으로 입사지원서에 포함되는 항목은 아래와 같으며, 필요시 새로운 항목을 추가할 수 있다.

입사지원서

1. 인적사항

사진	지원분야		희망연봉	
	성명		주민번호	앞자리만
	주소			
	휴대폰		비상연락처	
	e-mail		sns계정	
	병역	군별, 계급, 전역여부	우대사항	보훈, 장애, 기초생활

2. 학력사항

① 복수전공일 경우 모두 기재합니다.
② 졸업여부는 졸업, 졸업예정, 중퇴, 휴학으로 구분하여 기재합니다.
③ 소재지는 도시명을 기재합니다.

기간	학교명	① 전공	② 졸업여부	③ 소재지
년 월~ 년 월	고등학교	지원분야와 전공분야의 일관성을 파악하여 지향성을 파악할 수 있음		
년 월~ 년 월	대학			
년 월~ 년 월	대학교			
년 월~ 년 월	대학원			

3. 교육사항

① 채용공고의 지원분야 또는 직무기술서를 읽고 이와 관련된 교육과정(전공, 자기개발 등)을 이수한 경우 기재하여 주십시오.
② 교육과정은 정규과정 또는 비정규과정 모두를 기재할 수 있습니다.

기간	구분	교육과정(과목)명	교육내용
년 월~ 년 월	정규, 비정규		지원분야와 세부 전공분야의 일관성을 파악하여 전문성을 파악할 수 있음
년 월~ 년 월	정규, 비정규		
년 월~ 년 월	정규, 비정규		
년 월~ 년 월	정규, 비정규		

4. 자격사항

① 채용공고의 지원분야 또는 직무기술서를 읽고 이와 관련된 자격사항을 기재하여 주십시오.
② 자격사항 유형은 국가기술자격, 국가자격, 국가공인민간자격, 기타로 구분합니다.
③ 기타 자격은 본인의 다른 역량을 증명할 수 있는 IT, 언어능력, 자격 기술등을 기재합니다.

구분	취득일자	자격증명	발급기관	자격증번호
	년 월~ 년 월	지원분야와 관련된 자격유무로 지원자의 직무전문성을 확인할 수 있음		
	년 월~ 년 월			
	년 월~ 년 월			
	년 월~ 년 월			

5. 보유기술

① 채용공고의 지원분야 또는 직무기술서를 읽고 이와 관련된 보유기술을 기재하여 주십시오.
② 구분에는 워드, 엑셀, 파워포인트, 엑셀, 더존, 기타 등 상세한 보유기술을 기재하여 주십시오.
③ 보유 능력은 전문가-상-중상-중-중하-하 로 구분합니다.

구분	보유능력	구분	보유능력
	OA, 언어 등의 보유기술 파악을 통해 지원자의 보유기술을 파악할 수 있음		

6. 경력(경험)사항 상세한 내용은 경력기술서에 작성해 주십시오

① 채용공고의 지원분야 또는 직무기술서를 읽고 이와 관련된 경력(경험)사항을 기재하여 주십시오.
② 지원분야와 유관하지 않은 경력(경험)도 기술할 수 있습니다.
③ 담당업무와 퇴직사유를 상세히 기재합니다.

근무기간	회사명	업종	근무부서
년 월 ~ 년 월	담당업무(과업내용)	연봉	퇴직사유
	즉시 활용 가능한 경력(경험)인지 확인		면접 시 퇴직사유를 반드시 확인
근무기간	회사명	업종	근무부서
년 월 ~ 년 월	담당업무(과업내용)	연봉	퇴직사유

7. 기타사항

① 위 항목에는 해당하지 않으나, 업종, 직무와 관련 있는 능력이나 어필 포인트가 있을 경우 기재합니다.
② 구분은 수상실적, 특허, 연구, 기술, 상품, 서비스, 창업, 창작, 특기, 취미, 기타 등으로 기재합니다.
③ 자신의 지원 직무와 관련된 능력 또는 역량을 증명할 수 있는 사항을 기재합니다.

구분	능력 또는 역량 어필 포인트
	성실 작성 여부에 따라 일을 대하는 자세와 입사의지(동기)를 파악할 수 있다.
	취미나 특기 등을 통해 스트레스 해소 방법 유무를 알 수 있다.

상기 본인은 귀 ○○○○에서 실시하는 직원 채용 시험 응시자로서 위의 기재 사항은 사실과 다름없음을 확인하오며 만일 허위사실이 판명되었을 때에는 시험의 무효, 합격 및 임용의 취소 처분에 이의를 제기하지 않을 것을 서약합니다.

20××년 월 일

지원자 :　　　　　　(인)

○○○○ 대표이사 귀하

서식 5-7 입사지원서 개발 예시 2

입 사 지 원 서

지원분야	행정

1. 인적 사항

※ 인적 사항은 필수항목으로 반드시 모든 항목을 기입해 주십시오.

성명	(한글)		(한자)			
생년월일						
연락처	(H.P)		(긴급연락처)			
현주소						
전자우편						
최종 학위명						
병역사항			(필, 미필, 면제, 해당 없음 택1)			
보훈대상자 여부	(대상/비대상 택1)	가점비율(5, 10%)			보훈번호	
장애 여부	(대상/비대상 택1)	장애등급			장애내용	

2. 교육 사항

* 학교교육: 제도화된 학교 내에서 이루어지는 고등교육과정
* 직업교육: 고용노동부에 등록된 직업훈련
* 아래의 예시를 보고, 해당되는 내용을 항목별로 학교교육과 직업교육을 합해 최대 5개까지 기입해 주십시오.
* 반드시 성적증명서, 교육이수증 등으로 증빙이 가능한 사항만을 기재하여야 합니다.

예시

[경영·경제] 관련 교육을 받은 경험이 있습니까?　　　　　　　　　　　　　예( ) 아니오( )
'예'라고 응답한 항목에 해당하는 내용을 아래에 기입해 주십시오.

학교/직업	교육과정명	주요 내용	성적	시간	만점/기관
학교	경영학원론	경영학을 처음 접하는 학생이나 경영원리를 이해하고자 하는 학생들에게 경영학의 기초개념을 쉽게 이해할 수 있도록 하는 데 목적을 두고 있다.	4.3	-	4.5
직업	기획관리	기획 기능의 이해, 예산관리 제도의 정비 및 조직관리, 경영업적평가, 사업계획수립, 경영분석 등을 중심으로 실무능력 향상에 필요한 실무 위주의 교육과정	-	52	한국○○○ 진흥원

1) 기입하고자 하는 내용이 학교교육인 경우 "학교"를, 직업교육인 경우 "직업"을 기입합니다.
2) 교육과정 이름을 기입합니다.
3) 교육과정의 개요 또는 학습목표 등을 간략히 기입합니다.
4) 학교교육인 경우 "학점 또는 성적"을 정확히 기입하며, 직업교육인 경우 기입하지 않습니다.
5) 직업교육인 경우 "교육 이수시간"을 정확히 기입하며, 학교교육인 경우 기입하지 않습니다.
6) 학교교육인 경우 "성적의 만점기준"을, 직업교육인 경우 "교육기관"을 정확히 기입합니다.

교육 사항(1)

[경영·경제] 관련 교육을 받은 경험이 있습니까? 예 ( ) 아니오 ( )
'예'라고 응답한 항목에 해당하는 내용을 아래에 기입해 주십시오.

학교/직업	교육과정명	주요 내용	성적	시간	만점/기관

교육 사항(2)

[재무·회계] 관련 교육을 받은 경험이 있습니까? 예 ( ) 아니오 ( )
'예'라고 응답한 항목에 해당하는 내용을 아래에 기입해 주십시오.

학교/직업	교육과정명	주요 내용	성적	시간	만점/기관

교육 사항(3)

[법학] 관련 교육을 받은 경험이 있습니까? 예 ( ) 아니오 ( )
'예'라고 응답한 항목에 해당하는 내용을 아래에 기입해 주십시오.

학교/직업	교육과정명	주요 내용	성적	시간	만점/기관

교육 사항(기타)

그 외 지원분야 관련 교육을 받은 경험이 있습니까? 예 ( ) 아니오 ( )
'예'라고 응답한 항목에 해당하는 내용을 아래에 기입해 주십시오.

학교/직업	교육과정명	주요 내용	성적	시간	만점/기관

3. 자격 사항

* 자격은 직무와 관련된 국가공인 기술·전문·민간 자격을 의미합니다. 아래 직무 관련 자격증명을 확인하고 자신이 보유한 자격증에 대해 정확히 기입해 주십시오.

직무 관련 자격 목록	
사회조사분석사 1급/ 2급 문서실무사 경영지도사(인적자원관리/재무관리) 공인노무사 자산관리사	EPR인사정보관리사 1급/2급 컴퓨터활용능력 1급/2급 사무자동화산업기사 정보기술 자격(ITQ)시험 A급/B급/C급 공인회계사

* 위의 자격 목록에 제시된 자격증 중에서 보유하고 있는 자격증을 아래에 모두 기입해 주십시오.

자격증명	취득일자

1) 취득일자 작성 예시: 2012. 05. 12. (아래 항목에도 동일하게 적용함)
   * 그 외, [직무 혹은 직무 관련 지식]에 관련된 자격증은 아래에 모두 기입해 주십시오.

발급기관	자격증명	취득일자

4. 경력 사항

아래는 [행정] 직무와 관련된 세부 직무와 그 내용입니다. 아래 안내에 따라 경력 사항과 경험 사항을 작성해 주십시오.

세부 직무	내용
경영기획	경영 목표를 효과적으로 달성하기 위해 전략을 수립하고 최적의 자원을 효율적으로 배분하도록 경영진의 의사 결정을 체계적으로 지원한다.
인사	조직의 목표 달성을 위해 인적 자원을 효율적으로 활용하고 육성하기 위하여 직무조사 및 직무분석을 통해 채용, 배치, 육성, 평가, 보상, 승진, 퇴직 등의 제반 사항을 담당하며, 조직의 인사 제도를 개선 및 운영하는 업무를 수행한다.
사무행정	부서(팀) 구성원들이 본연의 업무를 원활하게 수행할 수 있도록 문서 관리, 문서작성, 데이터 관리, 사무자동화 관리운용 등 조직 내부와 외부에서 요청하거나 필요한 업무를 지원하고 관리한다.
회계·감사	기업 및 조직 내·외부에 있는 의사 결정자들이 효율적인 의사 결정을 할 수 있도록 유용한 정보를 제공하며, 제공된 회계 정보의 적정성을 파악한다.

* 아래 공란에 지원자의 모든 경력 사항을 작성하고, [행정] 관련 세부 직무를 수행한 경험이 있다면 안내에 따라 그 내용을 기입해 주십시오.
* 경력은 근로계약을 맺고 금전적 보수를 받으며 일했던 이력을 의미합니다.

No	근무기간	소속 조직명	소속부서	직위·직급	관련 세부 직무			
					세부 직무명	비중	세부 직무명	비중
예시	2013. 01.~ 2013. 12.	○○그룹	○○팀, □□팀	대리	총무	30	기타	70
1	~							
2	~							
3	~							

1) 작성 예시: 2013. 01.~2013. 12.
2) 근무했던 기업 또는 기관의 이름을 기입합니다.
3) 해당 조직에서 소속되었던 부서명을 모두 기입합니다.
4) 해당 조직에서 자신의 최고 직위 또는 직급을 기입합니다.
5) 위에 제시된 세부 직무 중, 본인이 직접 수행했던 세부 직무를 2개까지 기입합니다.
6) 본인의 업무에서 해당 세부 직무가 차지하는 대략적인 비중을 0~100의 숫자로 기입합니다.
※ 경력란이 부족할 경우 작성란을 추가하여 작성할 수 있습니다.

5. 경험 사항

* 경험 사항은 신학 활동, 팀 과제 활동, 프로젝트 활동, 연구회 활동, 동아리·동호회 활동, 온라인 커뮤니티 활동, 재능기부 활동 등을 포함합니다. 아래와 관련된 활동을 했던 경험이 있다면, 그 내용을 기입해 주십시오.

활동기간	소속단체	관련 세부 직무		주요 활동 내용
		세부 직무명1	세부 직무명2	
~				
~				
~				
~				

1) 작성 예시: 2013. 01.~2013. 12.
2) 활동했던 소속단체의 이름을 기입합니다.
3) 위에 제시된 세부 직무 중, 본인의 활동과 관련된 세부 직무명을 2개까지 기입합니다.
4) 본인의 활동이 세부 직무와 어떻게 관련되는지 간략히 기입합니다.

위 사항은 사실과 다름이 없음을 확인하며, 상기 내용이 사실과 다를 시 어떠한 불이익도 감수할 것임을 약속합니다.

지원날짜: 년   월   일

지원자: (인)

서식 5-8 입사지원서 개발 시 유의 사항

직무수행에 필요하지 않은 개인정보 요구 금지

> **채용절차의 공정화에 관한 법률 제4조의3(출신지역 등 개인정보 요구 금지)**
> - 구인자는 구직자에 대하여 그 직무의 수행에 필요하지 아니한 다음 각 호의 정보를 기초심사자료에 기재하도록 요구하거나 입증자료로 수집하여서는 아니 된다.
>
> 1. 구직자 본인의 용모·키·체중 등의 신체적 조건
> 2. 구직자 본인의 출신지역·혼인여부·재산
> 3. 구직자 본인의 직계 존비속 및 형제자매의 학력·직업·재산

서식 5-9 자기소개서 개발

- 자기소개서는 해당 지원자의 직무적합성(전문성, 경험, 자기개발), 조직적합성(핵심가치·인재상), 동기적합성(조직·직무)을 평가하기 위한 질문으로 구성해야 한다.
- 지원자가 작성한 자기소개서는 정량 및 정성적인 서류전형 평가 후 면접전형에서 지원자에 대한 이해 및 평가 자료로 활용한다.
- 필요에 따라 자기소개서 질문을 추가할 수 있으며, 자기소개서에는 1) 직무적합성 2) 조직적합성 3) 동기적합성 등이 포함될 수 있다.

구분	자기소개서 평가 내용
직무적합성	지원자가 직무를 수행하기 위해 필요한 지식, 기술, 능력을 어느 정도 수준을 갖추고 있고, 개인의 욕망과 직무 특성 사이의 일치를 확인한다. 경력이 있다면 그 경험 중에서 어느 부분이 새로운 직무에 이전 가능한 것인지, 이전된다면 어떤 가치창출이 가능한지를 가늠해 본다. 단 신입의 경우 현재의 지식보다는 미래의 지식에 중심을 두고 관찰한다.
조직적합성	조직의 문화와 개인의 특성이 서로 유사하거나 합치되는 목표와 가치들을 지니고 있을 때, 조직 구성원들 사이에 조직가치와 문화의 공유가 발생하고, 이를 통해 특정 상황을 초월하는 긍정적 믿음과 정서적 신뢰 그리고 조직 효과성이 높아질 수 있다. 기업이해, 사업이해도 및 조직가치, 미션, 비전, 인재상 등과 유사한 기본적인 특성이 있는지 관찰한다.
동기적합성	회사 또는 직무로부터 기대하거나 바라는 요인과 실제로 그 요인이 얼마나 일치하는지 파악한다. 그리고 우리 회사에 입사하기 위해서 어떤 준비(행동)를 했는지 파악한다. 하고 싶은 일과 해야만 하는 일에 대해 잘 이해하고 있는지 파악한다. 그동안 지원한 업종, 직무에 대해 파악하여 지향성의 흐름이 명확한지 파악한다.

- 면접과 달리, 평가자와 상호작용이 불가능한 자기소개서의 특성을 고려하여 질문을 개발해야 한다.
    - ✓ 지원자들이 질문의 의도를 쉽고 명확하게 파악할 수 있는가?
    - ✓ 모든 지원자들이 충분히 기술할 수 있는가?
    - ✓ 지원자가 거짓으로 기술할 수 있는가?
    - ✓ 모든 지원자들을 동일한 기준으로 신속하게 평가할 수 있는가?

구분	자기소개서 내용
목적	• 지원자의 직무적합성, 조직적합성, 동기적합성을 평가
구성내용	• 직무적합성, 조직적합성, 동기적합성과 관련된 개인의 경험을 구체적인 과거 사례를 통해 증명
평가항목	• 직무적합성, 조직적합성, 동기적합성을 평가할 수 있는 문항 • 필요시 성과, 성취, 팀워크를 평가할 수 있는 문항 추가
평가위원	• 평가위원 선정 및 사전교육 • 적합성을 중심으로 객관적이고 구체적인 평가 기준 선정

지원자에게 다양한 상황을 제시하고 설명할 수 있도록 단일 또는 다중질문을 제시한다.

구분	유형	특징	예시 질문
단일 질문	대표 질문 해당 능력이 잘 발휘되었던 과거의 행위나 경험을 묻는 하나의 주 질문 형태로 제시	• 장점: 항목설계와 답변이 용이 • 단점: 답변 평가가 어려움	귀하가 지원한 직무를 잘 수행하기 위해 최근 학습했던 내용에 대해 기술해 주세요.
다중 질문	질문 나열 해당 능력이 잘 발휘되었던 과거의 행위나 경험을 묻는 주 질문과 심층(탐색)질문의 형태로 제시	• 장점: 항목에 대한 구체적인 정보 수집 가능 • 단점: 지원서 설계와 답변평가가 어려울 수 있음	귀하가 지원한 직무를 잘 수행하기 위해 최근 학습했던 내용에 대해 기술해 주세요. - 학습 기간은 얼마나 되었습니까? - 얼마나 자주 학습합니까? - 최근에 학습한 내용은 무엇입니까?

자기소개서 작성 분량

- 자기소개서 작성 분량이 많을 경우 정확한 평가가 어려울 수 있으므로 자기소개서 작성 양식에 작성 항목별 작성 분량에 대한 가이드 제시가 필요하다.
- 전체 자기소개서의 기술은 1~2페이지 분량으로 작성한다.

자기소개서 작성 항목 및 분량			
조직적합성	200자~300자	직무적합성	300자~500자
동기적합성	200자~300자	기타 사항	200자~300자

서식 5-10 다중질문형 자기소개서 개발 예시

자기소개서

- 질문에 대해 본인의 과거 행동사례를 중심으로 작성해 주시기 바랍니다.
- 읽는 사람이 그 당시 상황이 그려질 수 있도록 작성해 주시기 바랍니다.
- 간결하지만 자신을 충분히 표현할 수 있고, 보는 사람 즉 '읽는 사람' 위주로 작성해 주시기 바랍니다.
- 많은 내용을 입력하는 것보다는 잘 정리하여 입력하는 것이 중요합니다.

1. 지원한 분야에서 다른 지원자와 차별화되는 귀하만의 전문성이나 노하우에 대해 기술하여 주십시오.

1-1. 어떤 점에서 우수하다고 여깁니까?

1-2. 그 점을 어떻게 증명할 수 있습니까?

1-3. 그런 전문성이 업무에 미칠 영향은 어느 정도입니까?

2. 지원한 분야와 관련하여 관련된 또는 유사한 경력이나 경험이 있습니까?

2-1. 어떤 측면에서 지원한 분야와 관련이 있다고 생각하십니까?

2-2. 만일 관련된 경력(경험)이 없다면 어떻게 지원한 업무를 잘 할 수 있다고 증명하시겠습니까?

3. 우리 회사의 지속성장 가능성에 대한 전망을 기술해 주십시오.

3-1. 회사가 속한 산업에서의 위치를 더 견고히 할 수 있는 방안은 무엇입니까?

3-2. 우리 회사의 경쟁사 대비 장점과 단점을 기술해 주십시오.

4. 우리 회사의 가치 미션 비전이 자신의 가치나 지향성과 일치되는 점을 기술해 주십시오.

4-1. 우리 회사가 추구하는 가치는 무엇이라고 생각하시나요?

4-2. 자신의 가치와 우리 회사의 가치와 부합되는 점은 무엇입니까?

※ 직무, 조직, 동기적합성 등 추가 영역을 필요에 따라 내용을 추가한다.

서식 5-11 단일 질문형 자기소개서 개발 샘플 2

자기소개서

- 질문에 대해 본인의 과거 행동 사례를 중심으로 작성해 주시기 바랍니다.
- 읽는 사람이 그 당시 상황이 그려질 수 있도록 작성해 주시기 바랍니다.
- 간결하지만 자신을 충분히 표현할 수 있고, 보는 사람 즉 '읽는 사람' 위주로 작성해 주시기 바랍니다.
- 많은 내용을 입력하는 것보다는 잘 정리하여 입력하는 것이 중요합니다.

1. 지원자가 ○○기업 및 지원 분야에 관심을 가지게 된 계기는 무엇이며, 이를 위해 그동안 어떤 노력을 했는지 기술해 주시기 바랍니다.

2. 한 번도 해 보지 않았던 새로운 분야(업무 관련, 자기개발 관련 등)에 도전했던 사례를 기술해 주시기 바랍니다.

3. 최근 달성한 본인의 경력(경험) 또는 성과 중 본인의 전문성을 가장 잘 나타내는 사례를 기술해 주시기 바랍니다.

4. 가장 최근 타인의 도움을 받았던 경험을 구체적으로 기술해 주십시오. (언제, 어떤 상황에서 누구의 도움을 어떻게 받았는지 기술)

5. 우리 회사의 가장 탁월한 경쟁력은 무엇이라고 생각하십니까? 또한 회사의 경쟁력을 확보하기 위해 개선해야 할 점은 무엇입니까?

6. 우리 회사에 입사한다면 어떤 일을 해야 하는지 구체적으로 기술해 주시기 바랍니다.

※ 직무, 조직, 동기적합성 등 추가 영역을 필요에 따라 내용을 추가한다.

서식 5-12 경력(경험)기술서 개발 샘플

경력(경험)기술서

- 입사지원서에 기술한 직무 관련 경력사항 및 직무 관련 활동 사항과 관련하여 상세히 기술해 주시기 바랍니다.
- 구체적으로 담당업무, 본인의 역할 및 구체적 행동, 주요 성과에 대해 작성해 주시기 바랍니다.

회사명		재직기간	
소속부서		담당업무	
퇴사사유			

기간	주요업무내용(성과를 창출한 사례)	역할

자유기술

- 업무 성과를 높이기 위해 본인이 기울인 노력 행동
- 성과로 인한 조직 기여 내용 및 기여 정도
- 입사지원 분야 업무 수행 시 기여할 수 있는 측면

회사명		재직기간	
소속부서		담당업무	
퇴사사유			

기간	주요업무내용(성과를 창출한 사례)	역할

자유기술

- 업무 성과를 높이기 위해 본인이 기울인 노력 행동
- 성과로 인한 조직 기여 내용 및 기여 정도
- 입사지원 분야 업무 수행 시 기여할 수 있는 측면

서식 5-13 개인정보 취급 및 이용에 관한 동의서 예시

개인정보 취급 및 이용에 관한 동의서

채용에 관련된 개인정보 수집 및 이용과 관련하여 다음의 몇 가지 사항을 안내하여 드리오니, 관련 내용을 숙지하신 후 해당 내용에 동의하여 주시기 바랍니다.

귀하께서는 이에 대한 동의를 거부할 수 있으며, 동의가 없을 경우 채용에 필요한 최소한의 개인정보 수집이 불가능하므로 정상적인 채용 전형 진행이 불가능할 수 있음을 알려드립니다.

[개인정보 수집 및 이용에 대한 안내]

☐ 수집항목
  - 입사지원 관련 항목 : 이름, 사진, 주민등록번호, 주소, 전화번호, e-mail, 학력 사항 일체, 병역사항, 장애 및 보훈 사항, 자격증 및 어학취득 사항, 근무경력 등
☐ 개인정보 수집 방법 : 입사지원서
☐ 개인정보 수집 목적 : 입사지원 정보 확보, 지원자 문의 응대, 지원자 식별, 전형 결과 및 채용 변경 사항 안내
☐ 보존항목 : 입사지원서류 일체
☐ 보존근거 : 공공기관의 기록물 관리에 관한 법률
☐ 보존기간 : 5년 동안 보존, 기간 경과 시 즉시 폐기

[제3자 정보 제공에 대한 동의]

☐ 회사는 지원자가 제출한 정보의 검증을 위하여 아래와 같이 타 기관에 귀하의 개인정보를 제공할 수 있으며, 이외의 목적으로 제3자에게 개인정보를 제공하지 않습니다.
  - 제공 대상 : 고용노동부 고용센터, 경찰서, 출신대학, 제출자격증 발급처, 경력상 회사
  - 제공하는 개인정보 항목 : 이름, 주민등록번호, 주소
  - 제공 정보의 이용 목적 : 입력 정보의 진위 여부 파악
  - 제공 정보의 보유 및 이용 기간 : 즉시 파기

상기 개인정보 수집 및 이용에 관한 내용을 읽었으며, 동의합니다.

성명 :   (서명)

서식 5-14 서류 접수 준비(온라인 시스템)

서류 접수가 온라인 시스템을 활용해서 이뤄질 경우, 채용담당자들은 시스템 담당자와 수시로 서류 접수와 관련된 오류나 문제점들을 점검하여 사전에 문제점을 차단하도록 노력할 필요가 있다.

점검 사항	채용담당자	시스템 담당자
1. 지원서 항목의 누락 여부	• 지원서 항목의 누락 여부 점검 • 각종 선택 항목 및 작성 기능의 정상 작동 여부 점검 • 오탈자 점검	
2. 지원서 데이터의 정상 저장 여부	• 향후에 각종 데이터가 평가하기 알맞은 형태로 저장되는지 점검	• 지원서 입력 사항이 정상적인 위치에 저장되는지 점검
3. 전형별 합격자 공지 기능	• 기능 이상 및 메시지 전송의 제약 사항 점검	• 기능 사용법 안내
4. 사고 또는 장애 발생 시 대응 방안	• 보고 체계 확립 • 유형별 대응 방안 마련	• 장애 유형 분류 • 유형별 대응 방안 마련
5. 시스템 보안		• 개인정보 암호화 • 서버 모니터링 및 서버 장애 감지 방안 마련 • 바이러스 백신 테스트 • 외부 백업 방안 마련
6. 서버의 안정적 운영	• 최대 동시 접속 인원 추정	• 서버 부하 테스트 • 데이터 백업 정책 점검

서식 5-15 서류 접수 준비(e-mail 또는 우편)

서류 접수가 e-mail 또는 우편을 활용해서 이뤄질 경우, 채용담당자들은 지원서 접수 시 발생할 수 있는 문의 사항 및 오류 사항을 사전에 파악하고 응대하여야 한다.

점검 사항	e-mail 접수	우편 접수
1. 지원서 제출	• 지원서 접수 메일이 기업 공용 메일 계정인지 여부(개인 메일 계정 사용금지) • 메일 계정의 용량 확인 • 스팸 메일 처리 기능 확인	• 우편물 수령 기능 장소 확보 • 우편물 수령 및 우편 분류 인력 확보 • 착불 우편물 등 특이 건 응대 요령
2. 지원서 수령 여부 확인	• 지원서 접수 확인 후 수령 여부를 단체 메일로 발송 • 수령 여부 안내 시 지원자 메일 주소 확인	• 우편물 수령 확인 안내 여부 사전결정 • 수령 안내 시 핸드폰 번호 중복 확인 및 문자 발송 시스템을 통한 안내
3. 서류 누락	• 필수 서류 누락 시 개별 연락을 통한 확인 • 첨부파일 누락 시 시스템 오류 확인 후 개별 연락	• 필수 서류 누락 시 개별 연락을 통한 확인

점검 사항	e-mail 접수	우편 접수
4. 문의 사항 응대	• 정기적인 계정 메일 확인 후 오류 사항 및 문의 사항 응대	• 전용 전화 설치를 통한 문의 사항 체계적 응대
5. 합격자 공지	• 지원자 메일 주소 중복 확인 • 필요시 핸드폰 문자 발송	• 문자 발송 시스템을 통한 안내
6. 관련 부서(업체)와의 공조	• e-mail 관리 부서와 사전 연락을 통한 시스템 오류 최소화 • 문제 발생 시 바로 응대 가능하도록 협조 체계 구축	• 지역 우체국 등에 사전공지 및 공조를 통한 지연 배달 등의 문제 해결

서식 5-16 서류 접수 시작

서류 접수가 시작되면, 서류 접수 기간 동안 지속적인 모니터링을 통해 발생 가능한 문제에 대응해야 한다.

지원 현황 모니터링

- 지원 시 지원 사이트 이상 여부 확인
- 지원 문의 사항 및 오류 사항 응대
- 지원 현황 확인
- 특이 지원자(장애, 보훈 인력) 현황 파악
- 채용과 관련된 사회적 이슈 및 뉴스 파악

지속적인 모집/홍보 활동

- 온오프라인을 활용한 적극적인 홍보 활동
- 신입 채용의 경우, 기업(기관) 내 신입 인력 네트워크 활용
- 지원 현황에 따른 접수 기간 연장 검토

시스템 관리자와의 긴밀한 협조

- 지속적인 시스템 모니터링을 통한 이상 여부 파악
- 지원 규모를 감안한 서버 확충 등 사전 검토
- 이상 시 실시간 조치가 가능하도록 협조 체계 구축

문의 사항에 대한 성실한 응대

- 응대 인력 확보 및 사전교육 진행
- 채용 규모에 따라 응대 인력의 업무 조정
- 온라인, 전화 등 다양한 응대 채널 확보

선발 평가 준비

- 서류전형 평가 기준 정비 및 확인
- 서류전형 평가자 확보 및 교육 실시
- 일정에 따라 다음 전형 준비

서식 5-17 서류전형 평가방안

자기소개서, 경험·경력기술서, 포트폴리오 등 정량적 평가가 어려운 정보에 대해서는 평가 기준과 평가 척도를 설정하여 평가해야 한다.

구분	내용
지원자격 확인	• 공고한 지원자격 요건의 충족 여부를 확인 • 지원자가 입력한 내용의 기입 오류 검토
평가	• 지원서 항목별 평가 기준(평가 요소, 점수 기준, 가중치 등)을 설계, 정량화하여 평가 • 자기소개서, 경험·경력기술서 등에 대한 평가
가산점 부여 및 지원자 순위 도출	• 채용 관련 법규·지침에서 규정하는 우대 사항을 확인, 가산점 부여 • 가산점까지 부여된 결과에 따라 지원자 순위 도출
평가 결과 검토	• 서류전형에서 제출된 서류 내용의 사실 여부를 검토한 후, 이상이 없으면 결과를 확정
전형 결과 발표	• 결과 확정 후 전형 결과를 메일, 문자 등으로 안내

서식 5-18 서류전형 평가도구 설계

- 인적사항은 지원자격을 판단하는 기준이 될 수 있다. (서류전형 통과기준)
- 평가를 위해 평가항목, 평가 기준, 배점을 결정한다.
- 배점은 사내에서 중요시하는 사항에 대해 협의한 후 의사를 결정한다.

항목		평가 기준	배점	합계
입사 지원서	인적사항	자격 여부, 오기입 등	적합/부적합	40
	교육사항	직무능력, 기간	10	
	자격사항	국가, 민간자격증, 필수자격증 보유 여부	10 적합/부적합	
	경험·경력사항	직무능력, 기간	10	
	기타	유사 직무능력	10	
자기 소개서		직무적합성	20	40
		조직적합성	10	
		동기적합성	10	
경험·경력 기술서		근무 경험·경력 및 횟수	4	20
		직무적합성	10	
		성취적합성	6	
가산점		국가유공자, 장애인 등	서류 점수 5% 가산점	5
합계			100	100

서식 5-19 정량 및 정성적 입사지원서 및 자기소개서 평가

- 지원 자격 요건을 충족한 지원자에 한해 입사지원서와 자기소개서를 평가하여 서류전형 합격자를 선정할 수 있다.
- 기업의 상황과 채용 환경에 따라 입사지원서 및 자기소개서 평가를 실시하지 않을 수도 있다.

고려 사항	정량적 평가	정성적 평가
1. 의미	• 객관적으로 입증할 수 있는 사실에 대해 사전에 명확한 기준을 설정한 후, 이에 따라 평가하는 것. • 보통 입사지원서 항목 중, 분명하게 수치화할 수 있는 것만을 선택하여 기준을 선정함.	• 평가자의 주관이 개입되는 평가로, 사전에 평가의 일관성을 확보하기 위해 평가 기준을 가능한 한 구체적으로 설정하고, 이에 따라 평가하는 것. • 보통 입사지원서 항목 중, 수치화하기 곤란한 것과 자기소개서 항목에 대해 평가 기준을 선정함.
2. 평가항목	• 학력(전공·성적) • 경력 • 자격증 • 외국어 점수 • 연구실적 • 포상 기록	• 자기소개서 • 조직적합성(자소서, 경력기술서) • 동기적합성(자소서, 경력기술서) • 경력기술서 • 포트폴리오
3. 특징	• 평가자에 상관없이 평가 결과는 항상 동일해야 함. • 평가의 오류가 발생하지 않도록 세밀하게 점검해야 함.	• 평가자에 따라 평가 결과가 상이할 수 있음. • 평가의 신뢰도를 확보하기 위한 방안을 마련해야 함.
4. 장점/약점	• 지원자가 많은 경우 효율적으로 평가할 수 있음. • 질적Quality인 측면까지 평가하기 곤란함.	• 지원자가 적은 경우 작성 내용의 질적Quality인 측면까지 평가할 수 있음. • 평가자 간 신뢰도가 낮은 경우 평가 결과를 신뢰하기 어려움. • 평가에 시간이 오래 걸리기 때문에 지원자가 많은 경우, 평가자의 부담이 발생함.
5. 유의 사항	• 수치화할 수 있는 항목에만 집중할 경우, 직무와 관련성이 적은 항목까지 평가 기준에 포함될 수 있음.	• 한 명의 평가자가 평가한 결과를 그대로 신뢰하기 어렵기 때문에, 복수의 평가자가 각자 평가한 후, 결과를 취합하여 최종 점수를 산출해야 함.

서식 5-20 정량적 평가

- 정량적 평가에 주로 활용되는 항목으로는, '학교성적', '경력사항', '자격사항', '외국어 점수', '성과(실적)', '포상 기록' 등이 있다.
- 연구직과 행정직의 특성에 따라 각 항목을 평가하는 방법에 다소 차이가 있다.

고려 사항	세부 내용
학교성적	• 최종 학력의 성적을 기준으로 삼음. • 학위증명서와 성적증명서로 증빙하며 원본을 원칙으로 하는 것이 바람직함.
경력사항	• 채용 직무와 관련된 경력 기간을 정량적 기준으로 삼음. • 경력의 질적 수준에 대한 정성적 평가도 실시함. • 경력증명서로 증빙하며 원본을 원칙으로 하는 것이 바람직함.
자격사항	• 지원직무와 관련된 자격증을 사전에 조사하여 지원자에게 공지하고 이를 기준으로 삼음. • 자격증(사본)으로 증빙.
외국어 점수	• 외국어 능력이 필요한 직무에 한해 외국어 점수를 기준으로 삼음. • 각종 외국어 자격증의 점수 및 등급별로 점수 배점표를 개발하여 활용. • 외국어 자격증(사본)으로 증빙.
성과(실적)	• 지원분야와 관련된 분야의 객관적인 성과 및 실적 평가 기준으로 삼음.
포상기록	• 직무와 관련된 공모전, 경진대회 입상 등 포상 기록에 대해 평가함. • 포상 기록 수에 따라 배점표를 개발하거나 가산점을 부여할 수 있음. • 상장(사본)으로 증빙.

서식 5-21 정성적 평가

- 정성적 평가에 주로 활용되는 항목으로는, '전공', '경력기술서', '자기소개서', '자기개발 및 계획' 등이 있다.
- 지원자 수가 비교적 적은 전문 기술직의 경우, 정성적 평가가 보다 수월하고 효과적이다.

고려 사항	세부 내용
전공	• 지원자의 전공 분야와, 입사 후 수행해야 할 직무내용 간 관련성에 대해 평가함. • 이는 입사지원서 평가 단계 외에 면접전형에서 평가하기도 함.
경력기술서	• 정량적 평가에서 이미 평가한 경우라도, 경력의 직무 연관성과 수준을 판단하기 위해 추가적으로 경력기술서를 정성적으로 평가함. • 경력(경험)상의 성과(성취)의 내용과 입사 후 수행할 직무내용과의 유관함을 평가함.
자기소개서	• 지원자가 과거 상황에서 어떻게 행동했는지 중심으로 질문하고 평가함. • 지원자가 역량과 관련된 다양한 상황에서 어떻게 행동했는지 중심으로 질문하고 평가함.
자기개발(계획)	• 지원자가 관심을 갖고 수행하고자 하는 연구 분야와, 입사 후 수행해야 할 연구 분야 간 관련성에 대해 평가함.

서식 5-22 이력서의 확인 포인트

체크 항목	직무 적합	동기 적합	근로 의욕	조기 퇴사
사진이 증명사진이 아니거나 흐리다		○	○	○
주소란에 모든 주소 일부가 생략되어 있다		○	○	
비상연락망 또는 집 전화가 기재되어 있지 않다			○	○
출신 학교명이나 기업명이 정식명칭으로 기재되어 있지 않다	○	○	○	
입학, 졸업 연도가 잘못 기재되어 있다	○			○
전공 및 동아리 활동이 불분명하다	○	○		
6개월 이상의 불명확한 공백 기간이 있다				○
많은 분야의 자격증을 취득하고 있다				○
통근할 수 없는 먼 곳에서 지원했다	○	○	○	○
대우 면에 협상의 여지가 없다	○	○		○
자사를 향한 지원동기가 아니다		○		○
자기 PR 내용이 구체적이지 않다	○	○		
다채로운 취미가 기재되어 있다			○	○
퇴직 이유가 분명하지 않고 일신상의 이유, 이사 등으로 기재되어 있다	○			○

○는 확인 또는 문제가 있는 분야.

서식 5-23 신규채용 지원서의 확인 포인트

항목	직무 적합	동기 적합	스트레스 내성	조기 퇴사
자사에 대한 지원동기가 아니다	○	○		○
학창시절의 어필만 기재되어 있다	○	○		○
자기 PR이 막연하다	○	○		○
다른 사람이 평가하는 자기 평가가 기재되어 있지 않다	○		○	○
아르바이트에서 무슨 일을 하였는지 기재되어 있다	○			○
자격증이 없거나 지원한 직무와 무관하다	○	○		○
직무와 전공과의 관련성이 없다	○	○		
직무와 유관한 차별화된 특성이나 강조하는 전문성이 없다	○	○		○
단점에서 개선의식이 없다			○	○
취미, 특기, 좋아하는 것에 대한 언급이 없다		○	○	○
지원자가 꿈꾸는 장래희망 즉 커리어 플랜이 기재되어 있지 않다		○		○
정보정리력, 정보전달력, 문장력이 부족하다 이해하기 어려운 내용이나 채용 대상 직무에 맞지 않는 용어로 작성되어 있다	○	○		
대인관계에 대한 언급이 없다			○	○

○는 문제가 있는 분야.

서식 5-24 경력기술서의 확인 포인트

항목	직무 적합	동기 적합	근로 의욕	조기 퇴사
최소한의 내용밖에 기재되어 있지 않다	○	○	○	
이직 횟수가 많고 직무의 일관성을 찾아볼 수 없다	○		○	○
추구하는 직무와 지원 직무와의 공통성을 찾아볼 수 없다	○	○		○
경력기술서를 4장 이상 기재했다		○		○
평가, 실적 등이 기재되어 있지 않거나 구체적이지 않다	○			
막연한 표현으로 기재되어 있다	○	○		
미경험 직무이고 이전 직장과의 연관성이 없다	○	○		○
지원동기가 막연하다	○	○		○
추구하고 있는 직무를 강조하고 있지 않다	○	○		
서류에 오자, 탈자가 있다	○			
복수의 기업을 한데 묶어 두었다	○			○
35세 이상인데 매니지먼트(관리) 경험이 없다	○			○
타인과 함께 일한 내용이 없다		○		○
부정적인 표현이 많다			○	○
첫 이직으로 이전 직장에서 10년 이상 근무				○

○는 문제가 있는 분야.

PART 06
체계적이고 과학적인 면접

06 PART 체계적이고 과학적인 면접

서식 6-1 면접전형 유형

구분	구술 면접(역량·상황)	시뮬레이션 면접(발표·토론)
방법	• 질의응답을 통해 개인의 성격, 태도, 동기, 가치 등의 특성을 평가	• 과제를 부여한 후, 지원자들이 과제를 수행하는 과정과 결과를 관찰하여 평가
면접위원 역할	• 해당 역량이 드러날 수 있는 적절한 시작Main 질문과 심층화Probing 질문을 하여 평가	• 평가하고자 하는 역량을 판단할 수 있는 행동들을 정확히 관찰, 기록하고 평가
대표적 유형	• 자유면접, 역량면접CBI, 행동면접BEI, 상황면접 등	• 발표면접, 토론면접, 역할연기, 서류함기법In-Basket 등
구조화 수준	• 필요한 질문 방향 정도가 사전에 준비되고, 구체적 질문은 평가자 재량 • 비구조화 또는 반구조화 면접	• 일정 형식의 내용을 준비하여 면접 운영, 질문범위를 벗어난 평가가 불가능 • 구조화 면접
장점	• 개인의 다양한 태도와 능력평가에 적합	• 개인의 직무능력 요소를 평가하는 데 적합

서식 6-2 주요 면접 방식별 특징

방식	특징
자유면접	가장 보편적인 방법으로 면접관의 자유재량에 의하여 질문 방법·내용·순서·기타 시간 등의 구애를 받지 않고 진행한다. 면접관이나 후보자에 따라 면접시간이 길어지기도 하고, 짧아지기도 하는데 면접시간의 장단이 당락에 영향을 미치는 것은 아니다. 이 방법은 후보자에 따라 그 장소의 분위기나 화제를 자유롭게 정할 수 있으므로 후보자의 진솔한 면을 볼 수 있는 방법이기도 하다. 그러나 경험과 흥미의 방향이 해당 면접관의 개성에 의한 질문이 될 수 있으므로 평가가 주관적인 것이 되기 쉬운 단점이 있다.
구조화면접	이 방법은 주관적인 평가가 나올 수 있는 자유면접의 결점을 보완하기 위한 방법으로 면접관이 후보자에게 질문할 항목을 동일화하여 기계적으로 후보자를 평가하는 방법이다. 그러나 면접관의 주관이 개입할 여지가 없어져 객관적 평가를 유도해 낼 수 있으나 지나치면 너무 기계적이게 되어 필기시험과 같아진다. 표준면접은 능률적으로 면접을 진행할 수 있으므로 면접관은 질문 내용이나 판정에 대해 신경을 쓰지 않아도 되나, 후보자의 개성에 부합하는 질문을 할 수가 없으므로 후보자의 특기나 장단점을 파악하기 힘들다. 무엇보다 면접관에게 면접 질문 내용의 재량권이 없으므로 진행이 원활하지 못한 경우가 발생하기도 한다.
혼용면접	자유면접 방식과 표준면접 방식을 병행하는 것으로 두 면접 방법의 단점을 보완할 수 있다. 즉, 표준면접 방법의 기계적인 질문으로 파생되는 도식적 평가의 결함을 보완한 것으로 질문 항목을 사전에 정한 범주 안에서 면접관이 상황의 변화에 따라 질문 내용을 변경시킴으로써 후보자의 자질을 알아낼 수 있다.
연구주제 발표	• 지원자의 발표와 면접위원의 질의응답으로 진행되며, 해당 분야의 전문성을 평가하기 위한 방법으로 주로 활용된다. • 학위 논문, 최근 연구 논문 등 본인의 연구 성과를 보여 줄 수 있으면서 채용 분야와 관련된 내용을 사전에 준비하여 발표하고, 면접위원과 추가적인 사항들을 질의응답하는 방식이다.

방식	특징
세미나	• 지원자의 발표와 다수의 청중(면접위원, 타 지원자, 현직자 등)의 질의응답으로 진행되며, 해당 분야의 전문성을 평가하기 위한 방법으로 주로 활용된다. • 개별적인 연구주제 발표 내용에 대해 지원자와 면접위원뿐만 아니라, 타 지원자 및 해당 분야의 현직자들이 모두 참여하여 논의하는 방식이다.
압박 면접	면접관이 후보자에게 일정한 상황설정을 해 준 다음 의식적, 인공적으로 충격을 주어 긴장 상태가 되면 어떤 반응과 행동을 나타내는지 관찰한다. 즉 스트레스를 유도하여 후보자가 긴장하거나 불안한 상황에서 면접을 진행한다. 압박면접의 특색으로는 후보자의 스트레스 대응 능력을 평가할 수 있다는 점에서 평상시 발견되지 않는 자제력, 인내력, 적응력 등을 정확하게 발견할 수 있으므로 방송인, 항공사 승무원, 경찰관 등 긴장도가 높은 직종에서 주로 사용하고 있다. 다만 근래 면접 갑질로 오해될 수 있어 사용하지 않는 추세이다.
비지시적면접	이 면접 방법은 면접관이 '로저스의 비지시 요법'을 활용한 것으로 지원자가 침묵, 긴장을 하고 있으면 친밀감을 느끼게 해 주는 화젯거리로 편안하고 자유롭게 말할 수 있도록 이끌어 가는 방법을 말한다. 이 방법은 지원자에게 특별히 질문을 하지 않고도 지원자 스스로가 자기 자신의 특성을 표현할 수 있도록 하는 것이다.
무자료면접	신입사원 채용 면접에서 지원자의 학력, 본적, 주소 등에 관한 자료를 없애고 필기시험, 학교, 학과에 따른 선입견을 배제한 면접 방식으로 최근 각 기업체에서 널리 이용되고 있다.
진단면접	면접관이 미리 준비한 심리 테스트지를 활용하는 방법으로 특색은 사회적응성(사회적 성숙도)과 감정진단(희로애락, 신경질, 동료 의식) 등이 과학적, 수치적으로 심사되지만, 전인격적인 평가에는 미흡한 점이 있어 예비 면접단계의 보충 질문으로 활용한다. 면접관은 다음과 같은 질문을 하게 된다. ※ 예제 - 동료들과 모여 떠들며 식사하는 것을 좋아하는가? - 쉽게 사소한 것을 걱정하는가? - 급한 성격의 소유자인가? - 평소 약속 시간은 잘 지키는가? - 성격이 우유부단한 편인가?
다차원면접	지원자와 면접관이 특정 장소나 특정한 놀이를 하면서 평가하는 방법으로 지원자의 개성, 조직적응력, 리더십 등을 자연스럽게 평가하는 방법이다.
인재풀Pool제	1년 365일 입사지원서를 받아 인력 충원이 필요할 때 별도의 절차 없이 지원자의 자료를 판단하여 입사 의사 타진 → 면접 → 부서 배치를 방법으로 입사희망자는 접수만 하면 월 1회 치러지는 면접시험에서 떨어져도 계속 입사 기회를 갖게 된다.
동료평가 면접	서류전형을 통과한 지원자들끼리 상호 평가하는 방법이다. 합숙 면접 등 장기간 같이 생활하는 시간을 많을 경우 동료 후보자들을 평가할 수 있는 방법이다. 객관적 기준이기보다는 개인의 주관적인 성향이 강하므로 참고 자료로만 활용하기도 한다.
선배 사원 면접	기업 내에 선배 사원들이 후배 사원들을 평가하는 방법이다. 학연에 치중한다는 오해의 소지가 있어서 많이 사용되지 않지만, 어느 정도 입사가 결정된 후보자들을 대상으로 대인관계 능력이나, 조직 성향을 알아볼 수 있는 방법 중에 하나이다.
사원 (신입사원) 면접	사원이 신입사원을 평가하게 함으로써 조직적응 면에서 동질성을 가진 후보자들을 선별하는 방법이다. 조직문화나 인재상이 뚜렷한 기업의 경우, 동일한 시각을 가지고 선별될 수 있지만, 그렇지 못한 기업의 경우 주관적인 성향에 의해 평가될 위험이 있다.

구조화된 면접의 특징

구조화 수준은 3단계(비구조적<반구조적<구조적)로 구분할 수 있으며, 전형의 타당성 및 신뢰성 확보를 위해서 구조적 방식 도입으로의 전환이 요구된다.

서식 6-3 구조화 정도에 따른 특징

단계	정의	장점	단점	비고
구조적 수준 Structured Selection	• 일정 질문 내용을 준비하여 면접, 질문 범위를 벗어난 질문 불가	• 평가공정성이 높음 • 면접타당도가 높음	• 지원자의 다른 재능을 평가할 수 없음	• 가장 선진적 • 해외 선진사례
반구조적 수준 Semi-Structured Selection	• 필요한 질문 방향 정도가 사전에 준비되고, 구체적 질문은 평가자 재량	• 구조적 면접보다 평가자의 재량, 진행의 유연성 부여	• 객관성과 주관성의 혼재로 평가품질의 일관성 확보 곤란	• 국내 우수사례
비구조적 수준 Non-Structured Selection	• 일정 양식이 없음: 즉흥적 질문 가능	• 지원자 수가 적고, 시간 여유가 있을 때 적합 • 지원자에게 자신을 소개할 수 있는 재량을 자유로이 부여	• 평가자 주관 개입으로 객관성·신뢰성 저하 (오랜 인사경험에 주로 의존)	• 국내 보통사례

서식 6-4 면접 무엇을 측정할 것인가?

1. 성격적 특질
2. 훈련과 경험
3. 직무역량
4. 사회적 역량
5. 조직과 지원자의 부합
6. 지원동기

Buckley와 Weitzel(1999)의 정의

1. 성격적 특질

1) 목표지향적	5) 활력적인	9) 융통적인	13) 세심한	17) 리더십
2) 헌신적인	6) 협력적인	10) 성실한	14) 윤리적인	
3) 집중하는	7) 믿을 만한	11) 단호한	15) 책임감 있는	
4) 창조적인	8) 주도적인	12) 의욕적인	16) 조직화된	

2. 훈련과 경험

1) 작업 경험, 훈련 및 교육 또는 기타 자격 요건을 평가하기 위한 배경 질문
　"팀워크가 중요한 상황에서 작업하기 위하여 당신은 어떠한 작업, 경험, 훈련 또는 다른 자격 요건을 갖추었습니까?"
2) 해당 직무와 관련이 있는 지원자의 과거 활동
　"고객 만족에 대해 어떤 경험이 있습니까?"
3) 경험에 대한 질문
　"회사를 퇴사한 이유는 무엇입니까?"
　"지난 회사에서 동료들과의 관계 중 가장 힘들었던 일은 어떤 것입니까?"

3. 직무역량

직무역량은 직무수행에 필요한 지식(예를 들면 세법), 스킬(예를 들면 팀 미팅 운영 등) 그리고 능력(예를 들면 언어추리력)을 의미하며 직무의 기술적 측면 또는 직무를 학습하는 데 핵심적인 기본지식을 포함한다. 직무역량은 직접 어떤 지식의 유무를 묻는 방식으로 질문할 수도 있으나 실제상황actual situation 질문에 의해 더 잘 평가될 수 있다. 예를 들어 마케팅 매니저로서 수행해야 할 과업을 간단히 설명해 주고(예를 들면 제품의 특성과 의도된 시장) 지원자에게 어떻게 마케팅 캠페인을 수행하겠냐고 물어볼 수 있다. 이런 질문은 상황 질문situation interview과 유사하지만 상황질문보다 구체적이고 복잡하여 작업 시뮬레이션work simulation에 더 가깝다.

4. 사회적 역량

사회적 역량social competence이란 주어진 맥락 속에서 개인이 현재의 환경에 적응하거나 현재에 속한 환경을 개인의 기술, 흥미 또는 가치에 더 잘 부합되도록 조성하는 능력을 의미한다. 간단히 말하자면, 사회적 역량은 개인이 참여하는 활동 시스템, 즉 개인과 환경과의 상호작용을 강조하는 개념이다.
Vernar(1933)에 의하면 사회적 역량은 사람과 사이좋게 지내는 능력, 사회적 관심사에 관한 지식, 타인에의 관대함, 한 집단의 다른 구성원들에 대한 감수성, 그리고 타인들의 상태와 특성에 대한 통찰 등으로 구성되어 있다고 한다. 따라서 사회적 역량은 대인관계 민감성interpersonal sensitivity, 개방성openness, 자아 효능감 및 자기통제self-control로 구성되어 있다고 볼 수 있다.

5. 조직과 지원자의 부합

조직과 지원자의 부합person-organization fit은 고용 면접에서 중요한 개념이다. 인사 실무자들은 면접의 목표 중 하나는 조직에 맞는 사람을 선발하는 것이라고 공공연히 이야기한다. 지원자와 조직 간의 적합성은 지원자의 가치관이나 성격 등이 조직의 가치관이나 문화가 얼마나 부합하느냐에 따라 판단할 수 있다. 가치관은 특정 행동 양식에 대한 개인의 신념을 의미하며 개인의 태도, 판단과 행동에 영향을 미친다.

6. 지원동기

근무 동기란 지원자에 대한 신뢰도를 의미한다. 여기서 신뢰도란 출근, 근무시간, 직업윤리 그리고 직무만족 등과 같은 조직이나 직무와 관련된 기본 규칙을 잘 준수할 거라는 믿음을 의미한다. 동기적합성 판단은 지원자의 능력이나 자질을 평가하는 데 활용되기보다 부적격자를 구분screening하는 데 유용하다.

- 채용 기준에 대한 ChatGPT 응답

OPEN AI

- 채용 기준은 회사나 기관에 따라 다를 수 있습니다. 일반적으로 회사는 자격 요건, 경력, 학력, 기술 및 역량, 인성, 동기 등을 고려하여 채용 기준을 정합니다.
- 자격 요건은 일반적으로 해당 분야에서 필요한 기술, 지식, 경험 등을 의미하며, 학력은 대학교 졸업 여부, 전공 등을 고려합니다. 경력은 이전 직장에서의 경험 및 성과를 평가하여 채용 여부를 결정하고, 기술 및 역량은 지원자가 보유한 기술, 언어, 프로그래밍 등에 대한 능력을 평가합니다.
- 인성은 지원자의 인격, 태도, 커뮤니케이션 능력, 책임감, 성실성 등을 평가합니다. 동기적합은 일하는 사람의 개인적 특성과 일자리의 요구 사항이 서로 적합한지 여부를 평가합니다. 즉, 일자리가 일하는 사람의 관심사, 가치관, 성격 등과 부합하면 일하는 사람은 일을 더 즐기고 성과를 더 높일 가능성이 높아집니다. 이러한 채용 기준을 토대로 회사는 인재를 채용하며, 이러한 기준을 공정하고 명확하게 적용하여 채용 절차를 수행합니다.

채용 기준

채용 기준은 기업이 채용을 진행할 때 고려하는 기준으로, 다양한 요소가 포함될 수 있습니다. 일반적으로는 다음과 같은 요소들이 고려됩니다.

① 학력: 채용 기업은 지원자의 학력을 확인하며, 대학교 졸업 여부나 전공 분야 등을 고려합니다.
② 경력: 경력이 있는 경우 이를 고려하여 지원자의 경력과 업무 경험을 검토합니다.
③ 기술 및 능력: 기술과 능력은 해당 직무와 관련된 기술 및 역량을 말합니다. 기술과 능력은 지원자의 이력서와 경험을 통해 확인할 수 있습니다.
④ 성격과 인성: 지원자의 성격과 인성은 채용 기업에서 중요하게 고려되는 요소 중 하나입니다. 이는 적극성, 협업 능력, 문제 해결 능력 등과 같은 개인적인 특성을 의미합니다.
⑤ 언어 능력: 일부 기업에서는 외국어 능력을 필수 조건으로 고려하기도 합니다. 특히 글로벌 기업이나 외국계 기업의 경우에는 영어나 다른 언어의 구사 능력이 필요합니다.
⑥ 기타 요소: 기타 요소로는 자격증, 수상 경력, 봉사 활동 등이 있습니다.

서식 6-5 채용을 위한 인재상의 변화

- 채용을 위한 공통역량(인재상)의 변화

구분	1순위	2순위	3순위	4순위	5순위	6순위	7순위	8순위	9순위	10순위
2023년	책임 의식	도전 정신	소통·협력	창의성	원칙·신뢰	전문성	열정	글로벌 역량	실행력	사회 공헌
	(67%)	(66%)	(64%)	(54%)	(53%)	(45%)	(44%)	(26%)	(23%)	(14%)
2018년	소통·협력	전문성	원칙·신뢰	도전 정신	책임 의식	창의성	열정	글로벌 역량	실행력	-
	(63%)	(56%)	(49%)	(48%)	(44%)	(43%)	(33%)	(31%)	(22%)	
2013년	도전 정신	책임 의식	전문성	창의성	원칙·신뢰	열정	소통·협력	글로벌 역량	실행력	-
	(88%)	(78%)	(77%)	(73%)	(65%)	(64%)	(63%)	(53%)	(21%)	
2008년	창의성	전문성	도전 정신	원칙·신뢰	소통·협력	글로벌 역량	열정	책임 의식	실행력	-
	(71%)	(65%)	(59%)	(52%)	(43%)	(41%)	(29%)	(13%)	(10%)	

※ 기존 '주인의식' 항목을 '책임의식'으로 명칭 변경.

- 적합성을 평가하라

> 적합성에 관련된 연구를 살펴볼 때 가장 먼저 등장하는 개념이 개인-환경 적합성 Person-Environment Fit, P-E Fit 이다. 일반적 의미에서 개인-환경 적합성은 개인과 환경 간의 적합성 congruence, 일치성 match, 유사성 similarity 또는 조화 correspondence 로서 정의되어 왔다(Edwards & Shipp, 2007). 개인의 욕구와 환경이 제공하는 요소 간의 적합성이 높을수록 개인이 더 만족하고 대상 환경에 대해 더욱 긍정적인 태도를 갖게 될 것이라고 했다. 여기서의 환경은 개인이 속한 조직인 경우 개인-조직적합성 person-organization fit, 개인이 조직 내에서 담당하게 되는 직무로 보는 경우 개인-직무적합성 person-job fit 이외에도 개인-직업적합성 person-vocation fit, 개인-상사적합성 person-supervisor fit, 개인-집단적합성 person-group fit 등으로 구분될 수 있다.
>
> Amy L. K., Ryan D. Z., & Erin C. J., 2005

서식 6-6 ATOM 채용모델

측정지표	지표 내용	ATOM HIRING®	
성격적 특징	각 개인의 독특하고 안정적인 일련의 특성과 행동 등의 성격 특질을 측정	Attitude	상사, 동료, 고객으로부터 받은 피드백을 수용하고 실행하는 태도가 어느 정도인지를 관찰한다.
훈련과 경험	근무 경험 및 경력, 학교교육, 기타교육, 자격 등의 훈련과 경험을 평가	Technical	지원자가 직무를 수행하기 위해 필요한 지식, 기술, 능력을 어느 정도 갖추고 있는지 확인한다.
직무 역량	직무수행에 필요한 지식, 스킬, 능력을 평가하며 해당 직무 관련 자기개발		
사회적 역량	개인이 현재의 환경에 적응하거나 현재에 속한 환경을 개인의 기술	Organization	조직의 문화와 개인의 특성이 서로 유사하거나 합치되는 가치들을 지니고 있는지 관찰한다.
조직적합성	지원자의 가치관이나 성격 등이 조직의 가치관이나 문화와 부합하는 정도		
지원 동기	회사에 대한 이해, 직무에 대한 열정, 직무로부터 기대하는 내용 등을 평가	Motivation	회사 또는 직무로부터 기대하거나 바라는 요인과 실제로 그 내용이 얼마나 일치하는지 파악한다.

서식 6-7 구조화된 면접의 특징

특징	비구조화된 면접	구조화된 면접
방법	• 평가할 직무능력(역량)과 질문이 정해져 있지 않고 면접관이 자유로운 방식으로 진행하는 면접 방식	• 사전에 평가하고자 하는 직무능력(역량), 질문, 절차, 평가 기준이 정해져 있는 면접 방식
면접관 역량	• 자유로운 질문 및 평가	• 정해진 질문과 평가 기준을 통해 평가
대표적 유형	• 전통적 면접	• 경험, 상황, 발표, 토론 면접 등
장단점	• 면접관의 재량에 따라 면접의 공정성 및 타당도 차이 발생	• 평가 공정성 높음 • 타당도가 높음

서식 6-8 면접전형 개발 프로세스

단계	개발 프로세스 내용
① 평가설계	**목표설정** 먼저 면접의 목표를 명확히 설정해야 한다. 예를 들어, 지원자의 기술과 경험을 평가하거나 문제해결 능력과 커뮤니케이션 스킬 같은 기술적 능력 평가와 조직에 어울릴 수 있는 특성 즉 문화적 적합성을 살펴보는 것과 같은 목표를 설정해야 한다. **평가영역 선정** • 직무기술서 또는 채용직무기술서를 기반으로 평가영역을 선정한다. (능력, 과업, 역량, 태도, 기술, 경험 등) • 채용 예정 부문의 직무전문가와 인터뷰를 통해 결정한다. • 평가영역 선정은 회사소개, 비전체계, 조직가치, 인재상, 부서목표 등의 내용을 활용하여 선정한다. **ASSESSMENT MIX 작성** 평가영역 × 평가도구를 확인할 수 있는 매트릭스를 작성하여 관리한다. **평가영역별 면접형식 결정** • 평가영역이 결정되었다면 그 영역별로 적용하기 적합한 면접유형을 결정한다. • 주로 사용되는 면접 평가도구로는 구술면접과 시뮬레이션 면접이 있다. **면접의 구조화** 질문내용의 표준화, 일관된 면접 진행 프로세스, 판단기준의 표준화, 평점의 표준화, 면접관 간 측정지표 표준화, 역할 배분 등을 고려하여 구조화 면접을 준비한다.
② 면접질문 및 과제개발	**측정지표 선정** 직무기술서, 채용직무기술서, 핵심성과지표, 인재상 등을 활용하여 선정한다. **기초자료 수집** 직무기술서, 채용직무기술서, 직무전문가 인터뷰 활용, 조직의 가치체계, 인재상 부합 가능성, 직무내용, 직무상황, 사례도출 등을 통해 자료를 수집하고 질문 내용을 표준화한다. **문제 해결 및 분석 능력 평가** 지원자가 문제를 해결하고 분석할 수 있는 능력을 평가할 수 있는 질문을 포함해야 한다. **문화 적합성** 조직의 문화와의 일치 여부를 평가하기 위해 문화 적합성 관련 질문을 포함할 필요가 있다. **지원자 경험 평가** 이력서나 자기소개서에 언급된 경험들을 깊이 있게 탐구하여 평가할 수 있는 질문을 포함해야 한다. **반응 및 행동 평가** 지원자의 반응 및 행동 패턴을 평가하기 위해 상황에 따른 질문을 포함해야 한다.
③ 타당성 검증 및 개발완료	**질문의 다양성** 각 지원자에게 물어볼 질문을 정하고, 이에 따른 평가 기준을 설정한다. 이를 통해 지원자들을 공평하게 평가할 수 있다. 다양한 유형의 질문을 포함하여 기술적인 질문, 상황에 대한 대처능력을 확인할 수 있는 질문, 예상치 못한 상황에 대한 대응력을 평가할 수 있는 질문 등을 포함시키는 것이 좋다.

단계	개발 프로세스 내용
③ 타당성 검증 및 개발완료	**질문의 일관성** 동일한 질문에 대해 모든 지원자에게 동일한 기회를 제공하여 공정한 평가를 할 수 있도록 한다. **평가 기준 및 가중치** 각 질문 또는 평가 항목의 상대적인 중요성을 결정하고 가중치를 할당해야 한다. **피드백 및 평가 프로세스** 면접 후 후속 조치를 포함한 피드백 및 평가 프로세스를 계획해야 한다. 예시: 평가 양식 작성, 평가자 간 토론 및 일치 평가 등. **면접질문 및 과제 검증** 마지막으로 직무전문가 및 평가전문가 의견수렴 및 사전 모의 테스트를 통한 수정 보완을 실시한다. 사전 모의 테스트 항목으로는 타당성, 신뢰성, 정보 이해의 용이성, 과제 수행시간의 적합성, 면접과정에서의 어려움, 제공되는 정보량의 적정성 및 추가 필요 정도 등이 있다. 이러한 사항들을 고려하여 면접전형을 설계하면 지원자를 효과적으로 평가할 수 있다.

서식 6-9 synergy assessment mix matrix model

영역	측정 지표		평가 방법	면접 평가 도구		
	세부 항목	중점 확인사항		역량 면접	PT 면접	임원 인성
조직적합성	사업 이해	인재상, 가치, 미션, 비전, 사업내용, 산업이해 최근 동향화 상품·기술 등의 변화 추세 지식 보유	질문&답변	●		
	의사 소통	상대의 기대나 욕구를 명확히 이해하고, 자신의 의사를 다양한 방식으로 표현 및 전달, 언어적, 문서적(지원서)	질문&답변	●		
	관계 지향	사회적 역량, 개인 환경과의 상호작용, 타인에 대한 감정이나 자극을 받아들이고 이해	질문&답변	●		
	자기 통제	감정적 손상을 입게 되더라도 이를 유연하게 대처하고 관리, 성격적 특징·인성(성품)이 발현되는 것이 태도	질문&답변	●		
직무적합성	직무 전문	직무역량, 직무지식과 기본 소양을 바탕으로 복합적인 사고를 발휘하여 상황을 종합적으로 해결	발표/질문&답변		●	
	직무 경험	훈련과 경험, 직무 관련 자격증, 일반 자격증, 직무 관련 경험과 경력, 기타 경험이나 경력	발표/질문&답변		●	
	직무 관심	직무 관련 자기개발, 부족한 점, 잠재능력 개발 최근 직무 관련 잠재능력을 연구하고 개발	발표/질문&답변		●	
	문제 해결	문제인식, 정확한 원인 파악, 적절한 정보 활용 문제를 해결/처리하는 능력	발표/질문&답변		●	
동기적합성	동기 적합	회사 또는 직무로부터 기대하거나 바라는 요인과 실제로 그 요인이 얼마나 일치하는지 파악	질문&답변			●
	지원 동기	일반적인 취업준비가 아닌, 우리 회사만의 입사 준비를 위한 행동 확인	질문&답변			●
	성취 동기	도전적인 목표에 대한 구체적인 달성계획을 수립하고 행동함, 과거의 성취 경험	질문&답변			●

서식 6-10 측정지표의 타당성 확인

측정 지표			면접 평가 도구		
영역	세부 항목	중점 확인사항	직무 관련성	평가 용이성	지표 변별력
조직적 합성	사업 이해	인재상, 가치, 미션, 비전, 사업내용, 산업이해, 최근 동향화 상품·기술 등의 변화 추세 지식 보유	◔	◕	◑
	의사 소통	상대의 기대나 욕구를 명확히 이해 자신의 의사를 다양한 방식으로 표현 및 전달, 언어적, 문서적(지원서)	◔	◕	●
	관계 지향	사회적 역량, 개인 환경과의 상호작용, 타인에 대한 감정이나 자극을 받아들이고 이해	◔	◕	●
	자기 통제	감정적 손상을 입게 되더라도 이를 유연하게 대처하고 관리, 성격적 특징·인성(성품)이 발현되는 것이 태도	◔	◕	●
직무전문역량	직무 전문	직무역량, 직무지식과 기본 소양을 바탕으로 복합적인 사고를 발휘하여 상황을 종합적으로 해결	●	●	●
	직무 경험	훈련과 경험, 직무 관련 자격증, 일반 자격증, 직무 관련 경험과 경력, 기타 경험이나 경력	●	●	●
	직무 관심	직무 관련 자기개발, 부족한 점, 잠재능력 개발, 최근 직무 관련 잠재능력을 연구하고 개발	●	●	●
	문제 해결	문제인식, 정확한 원인 파악, 적절한 정보 활용 문제를 해결·처리하는 능력	●	●	●
동기적합	동기 적합	회사 또는 직무로부터 기대하거나 바라는 요인과 실제로 그 요인이 얼마나 일치하는지 파악	◕	◕	●
	지원 동기	일반적인 취업준비가 아닌, 우리 회사만의 입사 준비를 위한 행동 확인	◕	◕	●
	성취 동기	도전적인 목표에 대한 구체적인 달성계획을 수립하고 행동함, 과거의 성취 경험	◕	◕	●

측정지표의 타당성 정도
● 매우높음　◕ 높음　◑ 보통　◔ 낮음

서식 6-11 면접 Role play 시나리오

단계	권장 시간	세부내용
Pre Interview	사전 준비 및 역할 분담 (50분)	1. 반드시 사전 준비모임을 갖는다. 면접 경험이 있다 하더라도 면접 분야에 대한 사전 정보습득 및 면접관 간의 사전 협의를 위한 모임을 가질 필요가 있다.
		2. 회사의 인재상(공통역량) 및 해당 직무의 요구 역량(직무역량)을 숙지한다. 인터뷰는 지원자가 회사가 요구하는 역량을 어느 정도 보유하고 있는지를 측정하기 위한 것이다. 그러므로 면접위원은 회사의 인재상 및 요구역량에 대해 익히고 숙지하고 있어야 한다. 응시 분야에 대한 정보를 정확히 알고 있어야 제대로 된 질문과 평가를 할 수 있다.
		3. 면접관 트레이닝 교재 내용을 숙지한다. 교재에는 면접 전략, 질문 예제 및 평가 방법, 면접위원 유의 사항 등을 기술한 가이드로서, 평가위원들은 가이드를 참조하여 구조화된 인터뷰를 실시한다. 이 면접관 트레이닝 교재는 인터뷰에서 발생할 수 있는 오류를 최소화하고 평가의 공정성 및 객관성을 확보하기 위해 마련되었다.
		4. 채용원칙을 제대로 이해한다. 즉, 면접 진행 방법, 구조화된 측정지표, 과학적인 면접 질문, 오류 예방을 위한 평가표 이해, 자신의 역할 및 책임 사항을 숙지한다.
		5. 지원자에 대한 개인정보를 확인하고 질문을 통해 확인할 사항을 점검한다. 사전에 배부된 자료나 지원서(이력서, 자기소개서)를 검토해 자신의 의견을 정리해 놓아라. 의문점이나 확인이 필요한 부분은 메모를 해 둬야 한다. 자기소개서를 꼼꼼히 읽으면서 의문스러운 부분을 체크하고, 각 역량을 측정하기 위해 어떤 질문을 해야 하는지 정해야 한다. 지원자를 평가할 수 있는 질문과 평가 기준을 공유한다. 각 평가위원들이 적절하게 질문 분야를 나누고 자신이 맡은 영역에 대한 답변 레벨링을 준비한다.
		6. 면접위원 간 역할 분담을 한다. 면접시간이 제한적이기 때문에 평가할 내용에 대해 면접관들이 사전에 역할을 분담하여 질문하도록 한다. 특히, 시작과 끝의 역할을 정해 짜임새 있게 진행한다.
		7. 면접시간보다 여유 있게 도착한다. 면접시간보다 30분~1시간 정도 일찍 도착하여 면접 준비를 한다. 특히, 사전 면접 모임이 없었던 경우 이 시간을 이용하여 면접관들이 협의하는 것이 좋다.
Interview	도입 (5분)	1. 환영 인사, 면접 참여에 대한 감사의 말, 긴장 완화, 라포 형성 등의 활동을 통하여 최대한 편안한 상태를 만든다.
		2. 지원자를 확인(이름, 수험번호(블라인드))하고 지원(응시) 부문을 확인한다.
		3. 면접관 소개를 한다.
		4. 면접 목적과 프로세스를 간략하게 소개한다. **면접 목적** 1) 지원자의 적합성에 대해 자세하게 앎으로써, 그를 통해 회사와의 적합성 여부를 판단하고자 한다. 2) 지원자가 회사의 지원부서 및 직무에 대해 궁금한 사항이 있을 때 대답하기 위해 마련되었다. **면접 프로세스** 1) 우리 회사는 인재를 중요시하는 기업임을 설명하고 면접 프로세스를 설명한다. 2) 각 면접위원은 지원자가 과거 경험했던 일이나 특정 상황에서 어떻게 행동했는지를 질문할 것이라는 점을 설명한다.

단계	권장 시간	세부내용
Interview	도입 (5분)	3) 인터뷰는 30~50분(회사 기준 수립)가량 소요되며, 인터뷰 후에는 지원자가 질문할 시간을 주겠다는 점을 설명한다. 5. 간략한 자기소개를 시킨다. 6. 공정한 평가가 될 수 있도록 메모나 입력을 한다고 말한다. 7. 지원자들이 시작할 준비가 되었는지 묻는다. 8. 면접 시작을 고지한다. **면접 도입 (부문) 샘플 멘트** 안녕하십니까? 저는 인사팀에서 채용을 맡고 있는 홍길동이라고 합니다. 이렇게 한국기업에 지원해 주셔서 감사합니다. 오시는 데 불편한 점은 없으셨습니까? 오늘 면접은 지원자의 적합성에 대해 자세하게 앎으로써, 회사와의 적합성 여부를 판단하고, 지원자가 회사의 지원부서 및 직무에 대해 궁금한 사항이 있을 때 대답하기 위해 마련되었습니다. 우리 한국기업은 인재를 중요시하는 회사로서 편안한 상태에서 최대한 상호 이해하는 데 집중하는 면접을 실시하려고 합니다. 오늘 면접은 약 50분가량 소요되며, 면접 후에는 지원자께서 궁금한 사항을 해소할 수 있는 질문 시간을 제공해 드리겠습니다. 대부분의 질문은 지원자가 과거 경험했던 일이나 특정 상황에서 어떻게 행동했는지를 질문할 예정이며, 이에 대해 자신의 경험을 기반으로 답변해 주시면 됩니다. 마음을 편히 가지시고 저희들이 묻는 질문에 있는 그대로 말씀해 주시면 고맙겠습니다. 혹시 면접이 진행되는 중에 이해를 못 하겠거나 궁금한 사항이 있으면 주저하지 마시고 언제든지 말씀하여 주시기 바랍니다. 지원자 답변 준비가 되셨는지요? 최대한 긴장을 무시고 편안한 상태로 답변해 주시기 바랍니다. 그러면 지금부터 면접을 시작하겠습니다.
	질문 (40분)	1. 지원자별로 각 측정 항목에 대해 10분 내외로 진행 (태도적합, 직무적합, 조직적합, 동기적합, 회사이해, 산업이해, 직무기초능력, 참여, 협업, 의사소통, 인재상 등) 2. 면접위원 3~4명이 각 영역을 전담하여 질문하는 것이 효과적이다. 3. 지원자의 경험이나 전문성을 파악할 수 있는 질문을 한다. 해당 직위의 직무나 직책 수준에 적합한 경험이나 전문성 파악에 초점을 맞추고 '상황/배경-행동-결과/성과' 등을 자세히 설명할 수 있도록 질문한다. 4. 질문에 일관성을 유지한다. 평가는 동일한 척도로 지원자의 우열을 판단하는 것이다. 따라서 일관성 있는 질문을 통해 지원자들의 능력을 판단할 수 있도록 한다. 질문에 일관성이 없으면 비교평가가 어렵다. 5. 지원자에게 질문이 공평하게 배당될 수 있도록 사전에 구조화한다. 6. 확산형 질문을 한 후, 지원자가 최대한 구체적인 답변을 하도록 유도한다. 지원자들은 때로 자신이 답하기 쉬운 부분에 자신 있게 답변하는 반면, 회피하고 싶은 부분에 대해서는 평가가 곤란할 정도로 애매한 답변으로 얼버무린다. 이런 경우 자세한 추가 질문을 통해 평가 가능한 답변을 이끌어 내야 한다. 때로 침묵을 하면서 지원자를 응시하게 되면, 지원자는 답변이 미흡하다고 판단하여 보충 답변을 하게 된다.

단계	권장 시간	세부내용
Interview	질문 (40분)	7. 질문은 되도록 간단히 하고 답변을 많이 듣고 기록한다. 사전에 질문을 준비하여 단계별로 간략하게 질문하고 지원자의 답변을 많이 듣도록 노력한다. 또한, 피면접자에게 '질문을 하지는 않았지만, 꼭 하고 싶은 말이 있습니까?' 등의 기회를 제공하는 것도 바람직하다.
		8. 실제 행동·성과를 파악하는 데 집중한다. 면접 과정에서 지원자는 자신의 능력이나 성과를 과장하려는 경향이 있어 지원자의 실제 행동이나 성과를 제대로 파악하지 못하면 과대평가하는 오류를 범하게 된다. 따라서 체계적인 질문 등을 통해 실제 행동·성과 등을 심도 있게 파악해야 한다.
		9. 구체적인 상황 질문을 한다. 지원자의 경험·업무 수행에 바탕을 둔 상황질문을 하여 지원자가 처한 상황에서 발휘한 능력을 평가한다.
		10. 평가 중 주요 발언이나 확인할 사항들은 요약한다. 다음의 표현을 사용하면 좋다. - ○○○이 중요한 역량이라고 하셨습니다. 맞습니까? - 여기서 잠깐 답변을 정리해 보겠습니다. - 답변 내용이 복잡하고 새로운 내용이 많군요. 더 진행하기 전에 내용을 되짚어 보겠습니다. **답변을 유도하는 스킬** 지원자가 회피하더라도 답변을 얻어 낸다. 지원자들이 특정 질문에 대해 답변하지 못하는 경우 3R Repeat, Rephrase, Require 면접 기술을 통해 해결한다. - Repeat 반복하라: 지원자가 답변을 회피할 때 - Rephrase 쉽게 풀어서 질문하라: 지원자가 답변 자체를 이해하지 못할 때 - Require 결국 답변을 얻어 내라: 어떤 어려운 상황에서도 답변하도록 유도
		11. 한 참석자(면접관, 지원자)의 발언이 장황하면 적절하게 개입한다. 발언이 길면 "○○○ 지원자 정리해 주세요~" 등
		12. 지원자의 답변을 제대로 이해했다는 증거를 보여 줘라. (탈락수용성 상승)
		13. 비언어적 행동 유의(이력서, 필기도구, 동작 등). 서류를 정리하거나 펜으로 책상 등을 두드리지 않는다.
		14. 답변은 항시 메모 및 정리한다(주의 깊게 note taking). 지원자에게 관심을 갖고 보고 듣고, 지원자를 정확하게 평가하기 위해 관찰 내용을 기록한다. **Tips for an Effective Note-Taking** - 주의 깊게 Note-Taking을 한다. - 키워드를 기록한다. - 각각의 행동 사례에 대한 기술을 명확히 할 수 있는 한도 내에서, 축약형 및 시간을 줄일 수 있는 방법을 사용해도 좋다. - 시간이 없는 경우 지원자가 말한 것을 가능하면 실제 그대로 면접 평가서에 옮기고, 면접이 끝난 후에 자신이 생각하고 있는 것을 유추하면서 다시 평가서를 작성한다. - 평가와 선발 결과의 정당성을 입증할 수 있는 핵심 증거를 기록한다. - 지원자가 실제로 말한 사실만을 기록한다. (평가자의 생각, 느낌 등 주관 배제) - 면접에 방해되지 않는 범위에서 지원자 평가에 충분하도록 Note-Taking한다. - Note-Taking을 하는 것이 지원자의 반응을 변화시키는 요인이 되어서는 안 된다. - 인터뷰의 모든 부분을 문서화한다. 이것이 Note-Taking의 성공 요소이다. - 인터뷰 도중, 면접위원이 Note-Taking을 완료하기까지 침묵이 생길 수 있다. - Note-Taking은 인터뷰의 공정성 및 합법성을 증명할 수 있는 자료가 될 수 있다. - 면접을 시작할 때 공정한 평가가 될 수 있도록 기록하겠다고 알려 준다. - 공개적으로 기록하되 기록 내용은 보여 주지 않는다.

단계	권장 시간	세부내용
Interview	질문 (40분)	– 기록을 하고 있을 때 지원자가 보지 않도록 주의한다. 특히 지원자의 사적인 사항, 불리하다고 판단되는 사항은 대화 내용이 바뀐 후에 기록한다. – 자신에게 맞는 기록 방법을 사용한다. – 평가자가 두 명 이상인 경우 역할을 나누어 각자 특정 측면에 집중하여 기록하는 것도 하나의 방법이다.
		15. 발언 및 경청 스킬 – 질문을 하는 데에만 몰두하여 지원자의 답변을 듣고 이해하는 데에 소홀하지 않도록 주의한다. – 천천히 또박또박 말을 하고, 불편한 시선이나 표정을 보이지 마라. – 작은 움직임도 상대방에게는 크게 보이기 때문에 제스처나 표정에 주의해야 한다. – 상대의 발언에 대해 추측하지 말고 질문으로 확인하라. – 장황하고 복잡한 질문은 피하라. – 상대의 "예"라는 답을 그대로 믿지 말고, 어떻게 이해하고 있는지 확인하라. – 적극적인 경청 기술을 활용하라. – 탈락수용성 행동 – 발언원칙 준수 – 이해가 필요할 때는 질문으로 확인한다.
		16. 적극적인 경청 및 관찰을 한다. 질문을 하는 데에만 몰두하여 지원자의 답변을 듣는 데에 소홀하지 않도록 한다. **적극적인 경청** 적극적 경청이란 답변 내용뿐만 아니라 지원자의 특성을 나타내 주는 답변 태도에도 관심을 기울이는 것을 의미한다. – 특정 질문 영역에 대한 회피 – 질문에 대한 답변을 하는 데 있어서 적극적이지 못한 태도 – 의도적으로 질문 의도를 전환 – 질문에 대한 반응 속도 – 말 속도의 변화 – 목소리 높낮이의 변화 – 적절하지 못한 답변 – 얼버무리는 태도
		17. 면접의 페이스 유지 – 면접의 페이스 유지함으로써, 다양한 분야에 대한 지원자 정보를 얻기 위해서는 면접 구조와 계획을 반드시 준수해야 한다. – 지원자가 단답형이거나 너무 짧게 응답할 경우에는 탐침 질문이나 추가 질문을 사용해서 구체적인 정보를 얻어 내야 한다. – 지원자가 너무 많은 이야기를 할 경우, 정중하게 이야기를 끊고, 다른 분야로 이동해야 함을 말해 주어야 한다. – 지원자에게 항상 면접 스케줄을 지켜야 한다는 것을 인식시켜 주어야 한다.
		18. 기타 면접 진행 유의 사항 – 지원자 이름을 정확하게 불러 주어라. – 지원자의 자존심을 건드리지 말아라. – 지원자를 존중하는 행동과 태도를 가져라. – 지원자 응답에 대해 부정적 피드백을 하지 말아라. – 면접관이나 지원자가 발언 중에는 끼어들지 않는다. – 시선은 지원자 50%, 평가표, 지원서 등 50% – 인터뷰 중 면접위원 간 이야기는 절대 금지하며, 이력서를 이리저리 넘겨 보지 말 것 – 면접관들은 비언어적 커뮤니케이션에 주의한다.

단계	권장 시간	세부내용
Interview	마무리 감사 인사 (5분)	1. 지원자가 궁금한 것이 있는지 확인하며, 친절하게 답변한다. – 궁금한 것이 없는 지원자는 회사나 직무연구를 충실히 하지 않는 지원자일 수 있다.
		2. 지원자에게 최종 1분간 어필할 시간을 할애한다. – 어필할 내용이 없는 지원자는 입사동기가 부족하거나 간절하지 않다.
		3. 지원자에게 추후 진행 사항과 일정을 알려 준다.
		4. 지원자에게 면접을 위해 시간을 내 준 것과 성실히 답변한 것에 대해 감사의 뜻을 표한다. 끝인사는 면접의 만족도를 높이고, 기업의 이미지를 높이는 데 도움이 된다. 그러나 지원자가 면접을 잘 봤다는 느낌을 받게 하는 표현은 쓰지 않도록 유의한다.
		5. 합격 여부나 보상수준에 대해서는 언급을 하지 않는다.
		6. 최종 종료 고지 및 퇴실 안내
		7. 퇴실 후 약 2~3초 이후까지 긴장하고, 응원하는 표정을 지어라. **마무리 샘플 멘트** 이상으로 면접 질문을 마치겠습니다. 수고하셨습니다. 마지막으로 하고 싶은 이야기나 궁금한 점이 있으면 말씀해 주시죠. (질문에 대해 친절하게 답변한다.) 더불어 지원자가 준비했는데 우리가 질문하지 않았거나 이 말은 꼭 해야겠다고 하는 사항이 있다면 추가로 어필 시간을 드리겠습니다. (답변을 듣고) 네, 감사합니다. 바쁜 시간 중에도 시간을 내 주시고 면접 질문에 성실히 답해 주신 데 대해 감사를 드립니다. 면접에 대한 결과는 평가에 대한 평정 회의를 거친 후 차주 ○요일에 그 결과를 알려 드릴 예정입니다. 그때 다시 연락을 드리도록 하겠습니다. 돌아가시는 길이 편안하고 안전하게 돌아가시기 바라며, 다시 한번 한국기업에 지원해 주신 것에 감사드립니다. 수고하셨습니다.
Post Interview	결과 정리 및 의견 교환 (10분)	1. 면접이 끝날 때까지 기다린다. 평가 오류를 예방하기 위해 면접 중에는 평가점수를 기입하지 않는다.
		2. 자신의 기록 내용을 모두 읽어 본다. 면접 종료 후 메모를 기초로 지원자를 평가한다.
		3. 따라서 면접 중 메모는 평가와 선발 결과의 정당성을 입증할 수 있는 핵심 증거를 기록해야 한다. **지원자의 행동을 측정하는 방법** 지원자들의 답변뿐 아니라 면접에 임하는 행동 단서를 주목한다. – 얼굴 표정, 목소리 톤, 몸짓 또는 긴장한 태도 등은 질문 주제가 된다. – 지원자의 경험에 대해 스스로 어떻게 느끼는지를 보여 주는 단서 혹은 지원자의 스트레스 정도 및 인터뷰 질문에 대한 이해도를 파악하는 수단이 될 수 있다. – 특정 움직임이나 태도를 통해 비언어적 단서를 해석하려고 해서는 안 되며, 지원자의 언어, 태도, 자세 등에 있어서 평상시와 다른 갑작스러운 변화를 감지해 내는 데에 초점을 둔다.
		4. 면접에 대한 종합 결과 기입 평가표에 제시되어 있는 측정지표와 수집한 정보를 비교한다. 평가 척도를 참고해서, 해당 평가항목에 대해 지원자를 평가한다.
		5. 면접위원 개별 평가 후 위원 간 대화를 통한 정보 교환 면접관들이 평가 기준을 바탕으로 평가 결과를 공유·논의하여 보다 객관적인 평가 결과를 도출하고 근거와 함께 제시하는 것이 바람직하다. 또한, 면접위원 간 평정 점수 차이가 많을 경우 반드시 근거(메모 또는 기록 내용)를 기반으로 한 협의를 통하여 편차를 조정한다.
		6. 채용 결정 매트릭스를 활용하여 최종 평정을 실시
		7. 평가표 정리 및 다음 면접 준비

서식 6-12 면접전형 프로세스별 체크 시트

지원자 정보	지원자		평가자 정보	평가자		면접 일시	20 년 월 일
	분야			소속			

단계	준비사항	주요행동	체크
사전 준비	• 지원자 및 면접관에게 최소 5일 전 면접 일정을 발송했는가?		
	• 참가자 전원이 언제, 어디서 면접이 진행되고 자신의 역할이 무엇인지 알고 있나?		
	• 면접관이 질문할 수 있는 예상 질문에 관련된 정보를 수집했는가?		
	• 해당 직무에 제시되어야 할 질문유형이 선별되었는가?		
	• 필요한 최소한의 면접 시간이 확보되었는가? (최소 30분 이상)		
	• 면접 시, 작성할 면접평가표가 준비되어 있는가?		
	• 면접이 진행될 장소는 확보되었으며 적절한 장소인가? (면접관이나 지원자가 노출되지 않고 소음 등으로부터 방해받지 않는 장소)		
	• 면접에 필요한 정보 및 기구 등이 준비되어 있나?		
	• 지원자를 안내할 인력을 확보하고 배치하였나?		
면접 준비	• 사전모임: 면접 분야에 대한 사전 정보 습득 및 면접관 간의 사전 협의를 위한 모임을 갖는다.	면접 시간보다 최소 30분~1시간 정도 일찍 도착하여, 사전모임 실시	
	• 정보파악: 응시 분야 및 응시자의 이력 확인을 통해 면접 시 구체적으로 확인해야 할 사항을 파악	응시 분야에 대한 정보를 정확히 알고 있어야 명확한 질문과 평가가 가능하다	
면접 준비	• 채용원칙: 명확한 측정지표, 과학적인 면접질문, 구조화된 면접평가표를 이해한다.	응시자에게 확인해야 할 내용과 질문을 확인하고 사전에 타 면접관과 공유	
	• 역할분담: 면접시간이 제한적이기 때문에 평가할 내용에 대해 면접관들이 사전에 역할을 분담하여 질문	특히, 시작과 끝의 역할을 정해 짜임새 있게 진행한다.	
도입·공감 형성	• 환영인사: 우리 회사에 지원한 것과 서류전형 통과를 축하하며 긴장 완화를 유도한다.	응시자가 본연의 모습을 제대로 보일 수 있도록 분위기를 형성한다.	
	• 전형소개: 지원직무에 대한 간략한 소개와 면접전형 프로세스 및 공정채용에 대해 설명한다.	지원직무 소개를 통해 직무 및 동기적합성을 확보한다.	
	• 자기소개: 지원자에게 자기소개를 시킨다. 긴장완화의 하나의 프로그램이다. 평가와 무관하다.	응시자가 가장 많이 준비한 것이 자기소개이므로 면접 도입을 편안히 유도한다.	
면접 질문	태도적합성	• 코칭수용: 이전 직장(인턴, 아르바이트 등) 상사는 어떤 분이었나요? 그리고 긍정적 영향력과 부정적 영향력은 무엇인가요?	
		• 인정포용: 우리가 만약에 그 상사에게 물어본다면, 지원자의 장점을 무엇이라 할까요? 반대로 부족한 점은 무엇이라 할 것 같나요?	
		• 충성만족: 이전에 일한 회사를 추천한다면 어떤 이유에서인가요? 이와 반대로 비추천 한다면 어떤 이유에서인가요?	
	직무적합성	• 직무지식: 지원한 분야에서 다른 지원자와 차별화되는 귀하만의 노하우나 전문성은 무엇입니까?	
		• 직무경험: 이번에 지원한 분야와 관련된 경험을 가진 것이 있다면 소개해 주십시오.	
		• 직무관심: 지원자는 직무 관련 전문 지식을 어떻게 최신으로 유지합니까? 최근 학습한 내용은 무엇입니까?	

단계	준비사항	주요행동	체크
면접 질문	**조직적합성** • 사업이해: 우리 회사의 대표적인 상품 또는 서비스에 대해 말씀해 주세요. 그렇다면 그것과 경쟁하는 서비스에 대해 말씀해 주세요. • 의사소통: 지원자를 반드시 채용해야 하는 이유를 논리적으로 설명해 주십시오. • 자기통제: 어떤 사람에 의해, 혹은 상황에 의해 부당한 대우를 받았던 경험에 대해 말씀해 주세요. **동기적합성** • 동기적합: 지원한 부문에 입사한다면 가장 하고 싶은 일은 무엇입니까? 그렇다면 반드시 해야만 하는 일은 알고 있습니까? • 지원동기: 우리 회사에 입사하기 위해 어떤 준비를 하셨는지 구체적으로 말씀해 주십시오. 우리 회사만의 입사준비는? • 성취동기: 지원한 직무와 관련하여 최근 무언가를 성취했다면 무엇인가요? 왜 그것을 했나요?		
종료 및 감사	• 최종질문: 지원자에게 최종 질문을 하도록 한다. 혹은 최종 1분간 자기 PR 시간을 할애한다. • 감사인사: 면접에 참석한 것에 대한 감사인사를 하고 최종 종료 고지 및 퇴실 안내를 한다.	지원자의 질문이 있는 경우 친절한 답변을 제공한다. 최종 1분간 PR 시간 할애한다. 이때 합격여부나 이를 유추할 수 있는 언어는 절대 사용하지 않는다. 결과 회신일을 고지한다.	
결과 평정	• 평정기록: 평가와 선발 결과의 정당성을 입증할 수 있는 핵심 증거들을 기록한다. • 의사결정: 긍정과 부정요소의 균형을 파악하여 4점 척도로 평가하고 공유 및 논의한다.	수집한 정보를 비교한다. 평가 척도를 참고해서, 해당 평가항목에 대해 지원자를 평가한다. 평가결과를 공유 및 논의하여 보다 객관적인 평가 결과를 도출하는 것이 바람직하다.	

질문하는 기술을 사전에 공부한다.

면접 질문을 개발할 때는 지원자의 태도, 기술적 역량, 경험, 회사 문화와의 적합성 그리고 동기부여 적합성을 평가할 수 있는 질문들을 포함해야 한다.

서식 6-13 면접 질문 개발

선발에 대한 기본 전제는 모든 과정이 직무 관련성이 있어야 한다는 것이다. 조직은 직무분석을 통하여 모든 선발 과정이 직무와 관련 있다는 것을 보여 줄 필요가 있다. 직무내용이 급격히 변화하는 경우 이러한 직무정보를 지속적으로 최신화할 필요가 있는데 선발을 할 때마다 직무분석을 다시 하여 직무정보를 최신화한다는 것에 대해서 조직은 거부반응을 보일 수 있다. 직무분석은 시간과 비용이 많이 드는 작업이기 때문입니다. 따라서 충원되어야 할 직무를 분석하기 위한 간편한 방법을 고려해야 한다.

첫째, 직무내용을 잘 아는 직무 전문가 SME를 활용해 직무의 중요책임이나 과업을 식별하게 한다.

둘째, 식별된 필요 역량별로 중요 사건 CRITICAL INCIDENT 을 선정하여 과제나 문항을 개발한다.

셋째, 각 전형 별 지원자를 평가하기 위한 척도를 개발한다.

		평가 요소: 문제 해결 능력		
	행위	기술	평가	상대 비교
5	문제를 해결하는 활동과정을 모니터링하고 해결 과정 및 결과를 평가할 수 있다.	문제 해결 활동 평가/새로운 방법 제시	리더 지원자가 제시한 사례는 지원자가 타인의 역할 모델이 될 수 있음을 보여 줌.	지원자의 상위 20%
4	문제 원인을 규명하고 검증하여 여러 대안을 제시하고 각 대안의 장단점을 분석한다.	문제 해결을 위한 대안 비교/검토/우선순위 결정	탁월 지원자는 기대 이상으로 좋은 사례를 입증했음.	다음 단계 20%
3	표준절차나 규정 또는 매뉴얼을 응용하여 문제를 적절하게 해결한다.	문제 해결을 하기 위한 정보 수집 및 시도	능숙 지원자는 회사가 정의한 바와 같은 역량을 훌륭히 입증했음.	중간 20%
2	현재 문제에 대한 주요 원인을 파악하고 해결할 수 있는 절차를 알고 있다.	문제에 대한 정확한 이해	어느 정도 지원자는 해당 역량의 성공적인 수행을 보여 주는 지표의 대부분을 보여 주었음.	다음 단계 20%
1	문제 해결을 위해 상급자에게 물어본다.	사용할 시스템이 없음	부재 지원자는 적절한 사례를 찾을 수 없었음.	마지막 20%

서식 6-14 면접 질문 개발 프로세스

면접 평가는 유능하고 생산적인 인력을 모집, 선발 그리고 유지하는 조직의 충원 과정의 일환으로 실시되고 있으며 채용 면접은 조직의 충원 필요성을 충족하기 위한 하나의 선발 도구이다. 충원해야 할 직무와 관련된 지원자의 '성격 특질', '훈련 및 경험', '직무적합성', '사회적 역량', '조직적합성', '동기적합성'과 공공기관의 경우 'NCS 기반 직업기초능력'을 추론하기 위한 수단으로 개발한다. 면접관과 지원자 사이의 정보교환과정에서 면접관의 정보처리 능력의 한계와 직무와 관련 없는 편향이 개입될 수 있으므로 표준화된 채용원칙으로 면접전형을 진행해야 한다.

채용 분야	주요 면접 기법	운영 방식
전문직	발표 면접	개별 면접
	과제해결 면접	Individual Interview
일반직	구술 면접	집단 면접
	시뮬레이션 면접	Group Interview

서식 6-15 NCS 기반 공정채용면접 문항개발 프로세스

항목	상세 내용
채용직무 능력단위별 능력단위요소 확인	• 능력단위요소, 수준 및 평생경력개발 체계도를 확인하여 신입으로 선발할 직무의 수준과 경력개발 단계를 확인하여 신입직원 선발의 기준으로 활용
능력단위요소별 평가 방법 확인	• 능력단위 수행준거에 게시되어 있는 내용을 평가하기 위해 이론과 실기를 나누어 평가하거나 종합적인 결과물의 평가 등 다양한 평가 방법을 활용
문항개발	• 채용·배치·승진 체크리스트의 수행준거를 중심으로 면접 시 평가문항 개발 • 면접에 대한 질문 개발 시 위 평가문항 중에서 실제 직무에 사용하거나 또는 중요하다고 생각되는 부분을 별도의 문항Pool로 선정하여 실제 면접에 활용할 평가문항 정리 • 입사지원자가 현재 채용하고자 하는 직무에 대한 직접적인 경험이 없는 경우도 있으므로, 입사 지원자별 특성을 감안한 (신입/경력) 면접 평가 문항 선정 • 채용기준은 위의 직무수행능력과 직업기초능력을 모두 반영해야 하고, 필요한 직업기초능력은 채용·배치·승진 체크리스트에 직무담당자 직업기초능력을 확인하여 선정
평가척도 및 평가표 개발	• 면접에 필요한 직무수행능력과 직업기초능력이 정리되었으면, 면접에 적용할 능력을 평가 기준으로 하여 평가척도를 개발 • 척도화하는 방법은 일반적으로 행위적 사례, 응답의 수준에 대한 기술 또는 정의, 응답의 평가 수준, 지원자 간 상대평가에 대한 척도화 개발

서식 6-16 면접 문항별 평가적용 가능성

●상, ◐중, ○하

평가항목	개발용이성	측정가능성	일관성	적용가능성	Comments
고객지향	●	◐	◐	Yes	
전문가 의식	◐	◐	◐	Yes	
창조성	◐	◐	◐	Yes	
문제인식	●	●	●	Yes	
의사소통	●	●	◐	Yes	-
비전제시	◐	◐	◐	Yes	
전략적사고	◐	●	◐	Yes	
조정/통합	●	◐	◐	Yes	
결과지향	●	●	◐	Yes	
팀워크	●	◐	◐	Yes	
조직사랑	◐	○	○	No	조직사랑, 솔선수범, 성실성, 책임감과 같은 역량은 조직 내에서 비교적 장기적인 기간을 거쳐 드러나고 관찰 가능한 태도 역량임.
솔선수범	◐	○	○	No	
성실성		○	○	No	
책임감	◐	○	○	No	

서식 6-17 역량기반 평가과제(질문) 개발 프로세스

1단계		1. 평가과제 개발 목적을 명확히 한다.
평가과제 결정		2. 적용 직무의 정보를 수집하고 분석한다.
		3. 평가과제를 결정한다.

2단계		
평가과제 개발	설계	4. 평가과제 개발 목적을 명확히 한다.
		5. 적용 직무의 정보를 수집하고 분석한다.
		6. 평가과제를 결정한다.
	내용개발	7. 피평가자에게 제공할 배경 정보, 지시문을 구성한다.
		8. 피평가자에게 제공할 자료를 구상한다.
		9. 평가자 및 관계자용 가이드 매뉴얼을 작성한다.

3단계		10. 모의 테스트 Pilot Test를 실시한다.
평가과제 검증		11. 평가과제를 수정·보완한다.

서식 6-18 내용에 따른 질문 유형

질문 유형	질문 성격	질문 사례
행동 파악 질문 Behavioral Questions	• 대상자로 하여금 직무수행에 필요한 역량을 발휘한(혹은 발휘하지 못한) 경험을 상기시켜 이야기하도록 요구하는 질문 • '상황/과제-행동-결과$_{STAR}$'의 형식으로 대답하도록 유도 • 첫 번째 질문 후, 몇 번에 걸친 추가 질문$_{Probing\ question}$을 통해 행동 방식을 규명함	▶ 동료 직원을 도왔던 경험을 이야기해 주십시오. (육하원칙을 이용하여) ▶ 시간이 부족한 기한 내에 결과를 내야 하는 상황에서 일한 경험에 대해 이야기해 주십시오. 어떤 상황이었으며, 그때 역할은 무엇이었습니까? ▶ 상대방을 설득하여, 자신의 의사를 관철한 경험에 대해 이야기해 주십시오.
신뢰도 질문 Credential Questions	• 대상자의 학력, 학위, 성적 등을 질문하는 것으로 선발 과정에서 이력서 내용을 확인하는 질문	▶ 어느 학교를 졸업하셨습니까? ▶ 가지고 있는 자격증은 어떤 것입니까?
경력 확인 질문 Experience Questions	• 대상자의 경력을 확인하기 위해 직위, 성과 책임, 소속 회사나 부서 등을 질문	▶ ABC社의 기획국에 계셨을 때 하셨던 일은 무엇입니까? ▶ 이력서에 경력 공백 기간이 있는데, 이 기간 동안 어떤 일을 하셨습니까?
의견 확인 질문 Opinion Questions	• 대상자의 가치관 또는 의견을 확인하는 질문	▶ 자신의 가장 큰 장점은 무엇입니까? 또한 개발이 필요한 영역은 무엇입니까? ▶ 자신의 관리 스타일에 대해 이야기해 주십시오.

서식 6-19 질문의 형태

형태	정의	예시 설명
개방형 질문	지원자가 '예', '아니오'로 답할 수 없고 길게 답해야 하는 형태의 질문으로, 역량 파악을 위해 주로 사용	• "지금까지 성취한 일 중에서 가장 자랑스러운 것을 말씀해 주십시오." ▶ STAR로 이어짐 • "만약 합격한다면 어떤 방향으로 일을 할 계획입니까?" ▶ 이상적인 답변 이외에는 기대할 것이 별로 없음
폐쇄형 질문	'예', '아니오'로 답할 수 있는 질문으로, 답변 내용의 압축이나 핵심 단어를 찾아 확인하는 용도로 사용	• (정리하면서) "그때 대표라는 자리가 힘들었다는 말씀이시지요?" ('예'라는 답변 후) "그러면 그 어려움은 어떻게 극복하셨습니까?" ▶ 면접관이 말을 많이 하게 돼 바람직하지 않음
탐색형 질문	지원자의 답변 내용을 확인하거나 추가 정보를 얻기 위해 하는 추가적인 형태의 질문	• "스스로 정의하는 리더상은 어떤 것입니까?" ▶ (답변을 듣고) "자신은 그 이상형에 얼마나 근접해 있다고 생각합니까?"
유도형 질문	면접관이 결론을 미리 내리고 그 방향으로 답변을 유도해 가는 질문(특별한 목적으로만 사용)	• "그런 일을 하려면 사람을 많이 만나야 할 텐데, 성격상 힘드셨겠군요?" (부적격하다는 선입견을 가진 질문) ▶ 결론을 내리고 그 방향으로 답변을 유도, 바람직하지 않음
비교형 질문	답변 내용 일부를 다른 것과 비교하여 확인하기 위한 질문	• "지금까지 경험했던 A 업무와 B 업무를 다시 선택할 수 있다면 어느 쪽을 선택하시겠습니까?"

서식 6-20 표준 질문 개발 원칙

주 질문 Leading Question 의 포괄성	• 주 질문 Leading Question은 지원자들에게 다양한 응답이 나올 수 있도록 일반적이며 포괄적이어야 함.
역량 세부 항목에 따른 질문 의도 Focus 의 명확화	• 역량 또는 하위 요소와 관련된 질문의 의도를 명확히 하여 전체 질문이 체계성/동질성을 갖추어야 함.
질문 명료성	• 면접위원과 지원자들이 질문에 대하여 명확히 소통하기 위하여 질문들은 명료하게 진술될 필요가 있음.
탐색 질문 Probing Question 의 충분성/다양성	• 충분하고 다양한 탐색 질문들을 준비하여 면접위원들이 운영을 보다 용이하게 할 필요가 있음.
자연스러운 Probing의 전개	• 탐색 질문 Probing Question의 전개가 자연스럽고 매끄러워야 전체 인터뷰 과정의 전개 역시 자연스러울 수 있음.
Behavioral Standard의 명확성	• 면접위원들이 평가를 쉽고 정확하게 하기 위해서는 평가 기준 Behavioral Standard이 이해하기 쉽고 명확하게 구성되어야 함.

서식 6-21 면접 질문의 구조 이해(주 질문과 탐침 질문)

역량 설명	• 면접에서 평가하고자 하는 역량의 하위 요소 및 정의에 대한 소개
주 질문 Leading Question	• 면접 대상자의 과거 경험을 유도하는 첫 질문 • 역량과 관련된 과거의 경험 사례나 상황을 파악하기 위한 질문 • 답변 내용에 따라 상황을 구체적 장면으로 세분하기 위해 구체 질문을 다시 던짐
검증을 위한 후속 질문 Probing Question	• 과거 경험 상황에서의 실제 행동을 확인하기 위한 질문임. 이 질문을 통해 답변의 진위 여부 확인 및 해당 역량 보유 수준을 측정 • 실제로 지원자가 수행한 행동인지, 얼마나 자주 혹은 얼마나 강하게 그런 행동을 보이는지에 관한 구체적이고 깊이 있는 정보를 얻기 위해 심층 탐색 In-depth Probing을 진행하기 때문에 탐색 질문 Probing Question이라고 함 • 후속 질문은 구체적으로 작성되어야 함

▶ 주 질문과 후속질문의 연계성
: 주 질문과 후속 질문은 해당 역량을 평가할 수 있도록 내용적으로 체계성, 동질성을 갖추어야 한다.

▶ 후속 질문의 예
• 어떻게 해서 그 일을 하시게 되었습니까?
• 관련된 사람은 누구였습니까?
• 당시 귀하께서 느꼈던 생각과 감정은 어떤 것이었습니까? 예를 들어, 어떻게 문제를 처리하고 싶었습니까?
• 귀하가 직접 어떤 행동을 취하셨습니까?
• 그 행동의 결과로 어떤 결과가 발생했습니까?

서식 6-22 탐침 질문 예시

질문	열정/성취지향성 질문	판단기준
Main 질문	• 어떤 목표를 세우고 그 목표를 달성하기 위해 노력했던 경험과 그 결과를 구체적으로 설명하십시오. • 학교 공부 이외에 또 다른 새로운 분야에 대한 지식이나 능력을 갖추기 위해 노력했던 경험을 말씀해 보십시오. • 지금까지 살아오면서 무언가를 위해 끈기 있게 노력해서 성취했던 경험에 대해 설명하십시오.	**1. 목표설정** • 목표지향적이다(스스로 목표를 설정할 줄 안다). • 목표를 구체적으로 설정한다. • 달성 가능한 한도 내에서 어려운 목표를 설정한다. • 목표를 설정함에 있어서, 자신의 내적 기준을 적용한다. **2. 목표달성 노력** • 자신이 맡은 일에 대해 보다 더 잘하려 노력한다. • 목표달성 과정에서, 자신의 현재 상태에 대해 지속적인 피드백(자기점검)을 추구한다. • 목표달성을 위한 보다 효과적 방법들을 모색한다. • 목표 달성 과정에서 스스로에게 계속해서 동기부여를 한다. **3. 개인적 특성** • 어떤 일이든 할 수 있다는 자신감을 가지고 있다. • 금전적, 물질적 보상보다는, 목표를 달성해 가는 과정과 목표달성 자체에 대해 성취감을 느낀다. • 자신의 장래에 대한 구체적인 계획을 가지고 있으며, 그러한 계획을 착실히 실천해 간다. • 해야 할 일에 대해 주도적이고 적극적이다. • 한 번의 목표달성 경험에 만족하지 않고, 추가적인 목표를 수립하고 계획한다. **4. 기타** • 해당 경험의 성취 수준이 높음. • 경험의 내용이 구체적이고 진실됨. • 제시된 질문의 의도를 정확히 이해하고, 질문에 맞는 적절한 경험을 제시함.
Probing 질문	– 구체적으로 어떤 일들을 하였습니까? 〈목표설정〉 – 일을 수행하기 위해 어떤 목표나 계획을 세웠습니까? – 왜 그러한 목표를 세웠습니까?(목표 수준/난이도) 〈목표달성 과정〉 – 그러한 목표를 달성하기 위해 구체적으로 어떤 노력들을 했습니까? – 남들보다 더 잘하기 위해서 특별히 어떤 노력을 기울였습니까? – 그러한 일을 하는 데 있어서 본인은 어떠한 역할을 했습니까? – 구체적으로 본인이 한 일들은 무엇이었습니까? – 일을 하는 과정에서 어떤 점이 가장 힘들었습니까? – 그 상황을 어떻게 극복했습니까? 〈목표달성 결과〉 – 그 일에 대해 다른 사람들로부터 어떤 피드백을 받았습니까? – 그 일로부터 어떤 점을 느꼈습니까? – 그러한 경험이 본인에게 어떠한 영향을 미쳤습니까?	

서식 6-23 표준 질문 모형

구분	질문	질문 의도
Leading Question	▶ (○○ 업무 〈□□ 프로젝트, TF〉를 ××시기에 하셨네요.) 그 당시 ○○ 업무(일)를 할 때 어떤 입장에서, 어떤 역할을 하셨나요. 구체적으로 말씀해 주세요.	도입부
Probing Question ① (업무 추진의 사실관계 파악)	▶ (답변을 들어 본 후) 근무 기간에서의 불일치 의문 사항을 먼저 확인함. – 업무 기획부터 완료까지 계속 ○○ 업무를 하신 것은 아니네요. – 업무 진행 중간에, 끝날 무렵에 참여하셨네요. – 중간에 다른 학교(부서)로 가서서 업무를 완수한 것은 아니네요. 등등 그 당시에 진행되었던 업무의 진행 과정 및 역할에 대해 좀 더 범위를 좁혀서 질문함 ▶ (답변을 듣고) 업무 기획, 추진의 독자적 수행, 자발적 실행 여부를 확인함. (기록된 내용과의 일치 여부 중심으로) – 직접 추진한 것은 아니네요? – 상사의 지시로 한 것이군요. – 당시 ○○ 업무에 관련된 다른 사람들은 누구이지요? – 그 사람들과의 역할상 차이점은 무엇이었지요? 서로 어떤 관계였나요?	– 개입단계, 시기의 일치 여부 파악 – 개입역할/기능의 확인
Probing Question ② (성과에 기여한 역할 특성)	▶ (○○ 역할을 했다거나 어떤 차이점이 있다는 답변을 듣고) – ○○ 업무의 그러한 업무 수행 활동 및 역할상에서 귀하가 특별하게 자랑할 수 있는 업무 수행 행동이 있었나요? 구체적으로 말씀해 주세요. – 그러한 업무 수행 행동이라면 그 이전(전임자)의 동일한 업무 수행과 비교해 볼 때 비슷한 수준이 아닌가요? 주어진 위치에서 열심히 하셨다는 것이죠. – 만약 차이점이 있다면 어떤 점에서 차이가 있는지를 좀 더 분명하게 말씀해 보세요. (새로운 시도나 노력, 새로운 경험의 활용, 당시 여건의 어려움 등) ▶ (특정 답변에 대해) – 그 점을 좀 더 자세하게 설명해 보세요. – 그런 새로운 시도를 하게 된 배경이나 이유가 특별하게 있었나요? 그것이 무엇이었나요? 누구의 지시가 있었나요? – 어려웠던 점이나 난관은 없었나요? 그것이 무엇이었지요? 어떻게 극복하셨나요? 혹시 반대하는 사람들의 이유는? – 그래서 당시 귀하의 그런 업무 수행 행동이 본인 또는 후임자의 후속 업무 수행에는 어떤 영향을 미쳤나요? 또는 조직에 미친 영향은 무엇이었나요? 어떤 점이 달라졌나요? – ○○ 업무 수행 과정 및 결과에 대해 귀하가 갖는 자부심이나 성취감을 100점 만점으로 표현한다면? 그렇게 생각하는 이유를 간단하게 말씀해 보세요.	– 업무창의성 – 맥락 파악 – 업무추진력 – 업무개선도 – 조직기여도 – 당시의 생각, 의도, 진위 여부

서식 6-24 ATOM Fit

Attitude Fit	코칭 수용성이란 적대적인 환경에서 살아남으려는 적응 노력을 말한다. 즉 상사, 동료, 고객으로부터 받은 피드백을 수용하고 실행하는 태도가 어느 정도인지를 관찰한다. 경쟁력 있는 회사가 되려면, 모든 것과 모든 사람이 가장 효율적인 방식으로 임무를 완수하기 위해 협력해야 한다. 이것은 지시와 절차를 기꺼이 따르려는 순종을 요구한다.
Technical Fit	지원자가 직무를 수행하기 위해 필요한 지식, 기술, 능력을 어느 정도 수준을 갖추고 있고, 개인의 욕망과 직무 특성 사이의 일치를 확인한다. 경력이 있다면 그 경험 중에서 어느 부분이 새로운 직무에 이전 가능한 것인지, 이전된다면 어떤 가치창출이 가능한지를 가늠해 본다. 단, 신입의 경우 현재의 지식보다는 미래의 지식에 중심을 두고 관찰한다.
Organization Fit	조직의 문화와 개인의 특성이 서로 유사하거나 합치되는 목표와 가치들을 지니고 있을 때 조직 구성원들 사이에 조직가치와 문화의 공유가 발생하고 이를 통해 특정상황을 초월하는 긍정적 믿음과 정서적 신뢰, 그리고 조직 효과성이 높아질 수 있다. 기업이해, 사업이해 및 조직가치, 미션, 비전, 인재상 등과 유사한 기본적인 특성이 있는지 관찰한다.
Motivational Fit	'왜 이 일을 하고 싶은가'에 대한 분명한 이유를 가지고 있는가의 문제이다. 회사 또는 직무로부터 기대하거나 바라는 요인과 실제로 그 요인이 얼마나 일치하는지 파악한다. 그리고 우리 회사에 입사하기 위해서 어떤 준비(행동)를 했는지 파악한다. 하고 싶은 일과 해야만 하는 일에 대해 잘 이해하고 있는지 파악한다. 그동안 지원한 업종, 직무에 대해 파악하여 지향성의 흐름이 명확한지 파악한다.

서식 6-25 ATOM 질문 샘플

① ATTITUDE FIT

평가항목	확인항목
태도, 코칭 수용도, 수용성, 적응, 순응, 신뢰, 충성, 만족, 포용, 직업윤리	• 적대적인 환경에서 살아남으려는 적응 노력 • 상사, 동료, 고객으로부터 받은 피드백을 수용하고 실행하는 능력 • 인성, 순응, 신뢰, 충성, 만족, 포용, 직업윤리, 신뢰성, 책임 의식

태도적합성		
도입 질문	심화 질문	질문 의도 및 체크포인트
① 이전 상사(동료, 교수, 선생님)는 어떤 사람이었는지 말씀해 주세요. (인턴, 아르바이트 등 가급적 경력 위주로 질문)	1) 그렇게 생각하는 이유를 설명해 주세요.	• 상사에 대해 말해 보라고 한다. 상사를 어떻게 표현하는지 살펴본다. • 각각 상사들의 강점과 단점을 어떻게 보고 있는지 그리고 어떻게 표현하는지 살펴본다. • 인간관계 유형은 어떤 편인가. 관계 중심인지 업무 중심인지 살펴본다. • 상사와의 불화로 이직하게 된 경우라면, 같은 사례가 일어날 수도 있다.
② 이전 상사(동료, 교수, 선생님)에게 지원자의 장점을 물어본다면 무엇이라고 말할까요.	1) 왜 그렇게 생각하십니까. 2) 그렇게 평가받는 이유는 무엇인가요. 3) 그런 장점을 타인에게도 들은 적이 있나요.	• 이전 상사가 지원자의 어떤 점을 강점이라 여겼는지 물어보라. • 어떤 성향의 사람인가. • 왜 그렇게 평가받는지 자기 탐색이 되어 있는가. • 팀워크나 대인관계에서 지나치게 모나지 않는가. • 주변 사람들의 평판은 어떠한가.

태도적합성		
도입 질문	심화 질문	질문 의도 및 체크포인트
③ 누구나 개선해야 할 부분이 있습니다. 만일 이전 상사에게 지원자의 부족한 점(혹은 전공의 부족한 점)을 물어본다면 무엇이라 말할까요.	1) 왜 그렇게 생각하십니까. 2) 그렇게 평가받는 이유는 무엇인가요. 3) 그런 부족한 점을 타인에게도 들은 적이 있나요. 4) 부족한 점을 개선하기 위해 어떤 노력을 해 왔나요. 5) 그 결과 어느 부분이 개선되었나요.	• 전 상사는 지원자의 어떤 점을 부족한 점이라 여겼는지 물어보라. • 어느 정도 정직한가. • 단점을 극복하려는 노력을 해 본 적이 있는가. • 업무과 결부하여 보완점을 찾고자 하는가. • 자기 존중감의 수준은 어느 정도인가. • 문제가 될 만한 단점은 없는가. • 솔직하지만 완곡하게 표현하는가. (너무 직설적으로 표현하면 오히려 상대방을 불편하게 할 수 있으므로 사회성 결여로 간주한다.)
④ 지금 생각에 ○○ 씨와 어떤 것들을 더 열심히 했다면 보다 나은 결과를 도출시킬 수 있었을까요. (혹은 어떤 점을 개선했다면 더 좋은 결과를 낳을 수 있었을까요.)	1) 왜 그렇게 생각하십니까. 2) 구체적으로 말씀해 주십시오.	• ③번 질문에 대한 개선 행동에 대해 말하는지 파악한다. • 단점을 이해하고 단점을 보완하고자 하는 의향은 있는가. • 그 답변은 질문이 이어질 것에 대한 회피용인가, 주체적 입장인가. • 업무와 결부하여 보완점을 찾고자 하는가. • 자기 이해와 자기 관리에 어느 정도 철저한가.
⑤ 이전에 근무한 회사(인턴, 아르바이트)는 어떤 회사였나요. 타인에게 추천한다면 그 이유는 무엇입니까. (답변을 듣고) 만일 비추천한다면 그 이유는 무엇입니까.	1) 지인에게도 소개할 의향이 있습니까. 2) 좋다면 그 이유를 설명해 주세요. 3) 여러 좋은 이유 중 가장 좋았던 것은 무엇이었습니까. 4) 좋지 않은 부분(아쉬운)을 한 가지 말한다면 어떤 것입니까.	• 자신이 몸담았던 조직에 대해 어떻게 표현하는가. • 좋았다면 특별히 그 회사를 좋게 말하는 이유는 무엇인가. • 선택의 기준이 된 고려 요소 중 최우선 요소는 무엇인가. • 내적 동기(직무, 인간관계)에 관련된 내용인가, 아니면 외적 (급여, 회사 위치) 동기에 관련된 내용인가. • 지원자가 추천 또는 비추천한 내용과 우리 조직과는 어떠한가. • 비추천한 내용들이 우리 회사에도 있다면 고려해야 한다.
⑥ 이전 직장(인턴, 아르바이트 포함)의 고용주 또는 상사의 지원자에 대한 평가는 공정했다고 생각하시나요.	1) 공정했다면, 그렇게 생각하는 이유를 설명하세요. 2) 불공정했다면, 그렇게 생각하는 이유를 설명하세요. 3) 어떤 상황에서 그렇게 느꼈는지 말씀해 주세요. 4) 어떤 상황에서 불공평하다고 느끼나요.	• 인간관계 유형은 어떤 편인가. • 탁월한 리더를 만난 적이 있는가. • 전 상사의 어떤 부분이 공평했다고 느끼는가. • 업무적인 부분인가, 인간적인 관계인가. • 전 상사로 인한 어려움을 하소연하고 있지는 않는가. • 불공평하다고 느끼는 부분은 관계인가 업무인가. • 불공평하다고 느끼는 부분이 우리 업무 환경에서도 일어나는 일인가. • 피드백에 대한 수용성은 어떠한가.
⑦ 전 직장(또는 현 직장)에서 본인을 지지할 것 같은 사람이 있습니까? (신입의 경우) 가족을 제외하고 본인을 지지할 것 같은 사람이 있습니까? (답변을 듣고) 만일 그렇지 않은 사람이 있다면 누구이며 왜 지지하지 않을 것 같습니까?	1) 어떤 이유에서 지지할 것 같습니까? 2) 그렇게 생각하는 이유를 설명해 주세요. 3) 그분의 긍정적 영향력은 무엇이었습니까? 4) 반대로 부정적 영향력은 무엇이었습니까? 5) 반대의 질문도 위 순서대로 진행한다.	• 어떤 이유에서 지지받는지 확인. (관계→업무→불편함→외모) 지지받는 이유를 자세하게 설명 듣는다. • 그 지지자에 대해 말해 보라고 한다. (상사→동료→부하→기타) 지지하는 대상이 누구인지 상세하게 파악한다. • 그리고 지지자를 어떻게 표현하는지 살펴본다. • 지지받지 않은 대상이나 이유를 표현하는지 코칭수용성을 체크한다. (그 어떤 사람도 지지하지 않는 사람이 없을 수 있다.) • 인간관계 유형은 어떤 편인가. 관계 중심인지 업무 중심인지. • 회사의 조직문화와 어울리는 인재인가. • 전 직장의 지지하지 않는 사람들로 인한 어려움을 하소연하고 있지는 않는가. (부정적 태도) • 전 지지자의 스타일이 우리 회사의 리더들의 스타일과 근접한가. • 상사와의 불화로 이직하게 된 경우라면 같은 사례가 일어날 수도 있음.

② TECHNICAL FIT

평가항목	확인항목
직무적합, 직무경험, 직무관심, 직무지향, 학습능력, 학습개발, 자기개발, 문제해결	• 지원자들이 앞으로 일하게 될 직무에 대해 얼마나 이해하고 있는지를 알아보는 질문이다. • 직무적합성, 직무이해도, 직무 관련 자격, 직무 관련 경험, 직무 관련 경력, 직무 관련 교육 이수, 경력 흐름

직무적합성

도입질문	심화질문	질문 의도 및 체크포인트
① 지원자가 채용된다면 해야 할 일이 어떤 일이고, 그 일을 지원자가 잘할 수 있다고 어떻게 증명할 수 있겠습니까.	1) 가능하면 예를 들어 주십시오 2) 부족한 점은 무엇입니까. 3) 그런 전문성이 업무에 미칠 영향은 어느 정도입니까.	• 자신이 지원한 분야에 대한 파악이 제대로 되어 있는가. • 업무 수준을 파악하고 있는가. • 장점을 업무와 연관하여 표현하는가. • 허황된 주장인지 아닌지 신뢰성 여부를 심층적으로 질문한다. • 경험을 빗대어 설득력 있게 증명하는가. • 자신의 특성(전문성)을 파악하고 있는가. • 특성이 조직에서 요구하는 특성과 부합하는가.
② 지원한 분야에서 다른 지원자와 차별화되는 귀하만의 노하우나 응용 능력을 밝힐 만한 것은 무엇입니까.	1) 어떤 점에서 우수하다고 여깁니까. 2) 어떤 근거로 그것을 증명할 수 있습니까.	• 전문성은 '깊이', 응용 능력은 '폭'과 관련된다. • 폭과 깊이를 함께 가졌다면 이상적이다. • 막연함보다는 근거를 밝힐 수 있는지 살핀다. • 객관성인 전문성을 가졌는가. • 전문 지식, 전문 경험, 응용 능력 등을 모두 포함한다. • 전문성의 수준은 어느 정도인가. (조직이 기대하는 수준에 합당한가.)
③ 지원 분야와 관련된 자신의 전공은 무엇이라고 생각합니까. (답변을 듣고) 그렇다면 그 전공지식을 귀하는 어느 정도 가지고 있습니까.	1) 가능하면 예를 들어 보십시오. 2) 그렇다면 부족한 점은 무엇입니까. 3) 그런 전문성이 업무에 미칠 영향은 어느 정도입니까.	• 자신의 전공 관련 특성(전문성)을 파악하고 있는가. • 조직에서 요구하는 특성과 부합하는 경험을 통해 스스로 발견한 특성이 가장 바람직하다. • 전 경험·경력으로부터 새로운 업무로 이전 가능한 기술이 많을수록 좋다.
④ 지원자는 자신의 전문 능력이 어느 수준이라고 평가하십니까.	1) 그러한 평가를 내린 근거를 구체적인 예로 설명해 주세요. 2) 그 분야 중 세부적으로 어떤 분야에 가장 자신이 있습니까. 3) 자신의 전문성으로 우리 조직 내에서 어떤 기여를 할 수 있다고 여깁니까.	• 관심을 가진 전문 분야가 무엇인지 알고 있는가. • 업무와의 관련성은 어느 정도인가. • 전문성에는 전문 능력은 물론 전문가적인 기질(몰입하는 성향)도 포함된다. • 막연한 전문성이 아닌 업무상의 효용 가치의 측면에서 본다. • 전문가는 상대적으로 흔한 인재이고 훈련이 용이하다.
⑤ 지원한 업무에서 요구하는 전문성을 지원자는 어느 정도 가지고 있습니까.	1) 가능하면 예를 들어 보십시오. 2) 부족한 점은 무엇입니까. 3) 그런 전문성이 업무에 미칠 영향은 어느 정도입니까.	• 자신의 특성(전문성)을 파악하고 있나. • 특성이 조직에서 요구하는 특성과 부합하는가. • 경험을 통해 스스로 발견한 특성이 가장 바람직하다. • 전 경력으로부터 새로운 업무로 이전 가능한 기술이 많을수록 좋다. • 답이 모호하다면 보디랭귀지와 언어 표현의 일치 여부를 살핀다.
⑥ 지원한 업무에서 자신이 다른 사람보다 조금이라도 수준이 높다고 내세울 만한 것이 무엇입니까.	1) 어떤 점에서 우수하다고 여깁니까. 2) 그 점을 어떻게 증명할 수 있습니까.	• 객관적인 전문성을 가졌나. • 전문 지식, 전문 경험, 응용 능력 등을 모두 포함한다. 전문성의 수준은 어느 정도인가. (기대하는 수준에 합당한가.) • 합당한 근거를 가졌는가.

직무적합성		
도입질문	심화질문	질문 의도 및 체크포인트
⑦ 지원한 분야에 대해 부족한 부분이 있다면 무엇입니까?	1) 그러한 평가를 내린 이유나 근거를 구체적인 예로 설명해 주세요. 2) 그 분야 중 세부적으로 어떤 분야에 가장 자신이 없습니까. 3) 그 부족한 부분을 어떻게 보완이나 개선하시겠습니까.	• 자신이 부족한 분야가 무엇인지 알고 있는가. • 막연한 생각인가 아니면 실제 부족한 부분을 인식하고 있는가. • 신입사원으로 얼마나 진실하게 이야기하는가. • 보완이나 개선책은 있는가. 있다면 얼마나 현실적인가.

직무경험		
도입질문	심화질문	질문 의도 및 체크포인트
① 이번에 지원한 분야와 관련된 경험을 가진 것이 있습니까.	1) 그 경험이 어떤 측면에서 지원한 분야와 서로 관련됩니까.	• 동일 혹은 유사 분야의 경험을 가졌는가. • 직접 관련 분야가 가장 바람직하다. • 간접 관련 분야도 폭을 넓히는 데는 필요하다. • 지원한 직무에 대한 업무 수준을 파악하고 있는가.
② 이번에 지원한 분야와 관련하여 이룩한 가장 큰 성과는 무엇입니까.	1) 구체적인 예를 들어 주세요. 2) 그 성과를 달성하는 데 있어서 어떤 것이 어려운 과제였나요. 3) 그 과제를 어떻게 해결했습니까. 4) 그 성과는 지원자에게 어떤 의미입니까.	• 자신이 성과라고 여기는 내용이 현업과 유관한 내용인가. • 성과는 객관적이고 측정이 가능한가. • 성과 결과에 대해 얼마나 정직한가. • 자신의 성과 수준을 평가받은 적이 있나. • 어떤 피드백을 받았나. / 평가 결과가 어떠했나. • (무경력자) 스스로의 성과에 대한 이해와 성과 관리를 할 수 있는가. • (경력자) 성과 관리 및 목표 관리를 할 수 있는가.
③ 이번에 지원한 분야와 관련하여 현재까지 자신의 경력이나 경험에 대해 어떻게 평가하십니까.	1) 관계가 있다고 생각하십니까. 2) 어떤 측면에서 지원한 분야와 관계가 있다고 생각하십니까. 3) (관계가 없다면) 어떻게 이 업무를 잘할 수 있다고 증명하시겠습니까.	• 지원자가 경험한 경력과 직무와의 연관성은 어떠한가. • 경력에 대한 자기만족도는 어떠한가. • 한 가지 분야로만 경력(경험)이 누적되어 있다면 일관성을 유지했다고 보기도 하지만, 새로운 것에 대한 도전 정신은 높지 않다고 평가할 수 있다. • 경력의 흐름을 본다. • 유관 경력이 없다 하더라도, 찬란한 도전 정신을 평가한다.
④ 지원자가 직무와 관련하여 해결해야 했던 가장 어려운 과제는 어떤 것이었습니까. (직무 관련 경험이 없을 경우) 지원자가 살아오면서 해결해야 했던 가장 어려운 과제는 어떤 것이었습니까.	1) 먼저 어떤 상황이었는지 설명해 주세요. 2) 문제의 핵심은 무엇이었습니까. 3) 어떤 대안들이 있었고, 어떤 결론을 내렸습니까. 4) 실천하는 과정에서는 어떤 어려움이 있었습니까. 5) 그 어려움을 사전에 예견할 수 있었다면 어떻게 달리하시겠습니까.	• 직무 관련 혹은 문제 인식 능력을 평가한다. • 해결한 문제는 우리 직무에서도 일어날 수 있는 일인가. • 해결 방식 및 결과는 동의할 만한가. • 문제 해결 능력(대안 제시 능력, 대안 평가 능력 포함)을 평가한다. • 문제의 형상만 보지 않고 '그 뒤에 숨어 있는 근본 원인을 찾는 노력을 하는가'로 문제 분석 능력을 평가한다. (일반적으로 이 노력을 하지 않음) • '문제 해결 절차를 따르고 있는가'로 경험의 수준을 평가한다. (문제 해결 절차: 문제의 근본 원인 분석→대안도출→대안평가→해결책 선택→실행)
⑤ 직무와 관련하여 계획했던 목표를 성취하지 못한 경험이 있다면 그때의 상황을 기술해 보십시오.	1) 어떤 목표를 설정했습니까. 2) 목표가 미달된 원인은 무엇이었습니까. 3) 그 상황에 어떻게 대처하셨습니까.	• 역경을 어떻게 다루는가. • 모든 시도에서 승부 근성을 보이는가. • 실패했던 경험을 오히려 배움의 기회로 여기는가. • 어디에서 원인을 찾고, 어떻게 대처하는가.

직무경험		
도입질문	심화질문	질문 의도 및 체크포인트
⑥ 전·현 직무에서 지원자가 내렸던 가장 중요한 결정은 무엇입니까.	1) 어떤 상황이었습니까. 2) 어떤 요인들 때문에 결정이 어려웠습니까. 3) 왜 중요했습니까.	• 맡은 직위에 부합하는 결정이었는가. • 의사 결정의 기준이 무엇인가. 의사 결정 패턴이 어떠한가. (위험을 회피하는 형인가, 전향적인 형인가) • 직위에 어울리지 않는 사소한 결정을 만약 중요한 결정이라고 한다면 재고가 필요하다.

직무관심, 지향성, 자기개발		
도입질문	심화질문	질문 의도 및 체크포인트
① 이번에 지원한 분야에서 가장 중요하게 생각하는 역량은 무엇입니까. (답변을 듣고) 지원자는 그 역량이 있다고 생각하십니까. (답변을 듣고) 그렇다면 그 역량을 유지 또는 상승시키기 위해 현재 학습하는 것이 있습니까. 최근의 예를 통해서 설명해 주시기 바랍니다.	1) 왜 그것을 공부하였습니까. 2) 어떤 기관(학원, 학교)에서 학습을 하고 있습니까. 3) 얼마나 되었습니까. 4) 얼마나 자주 합니까. 5) 최근에 학습(교육)한 내용은 무엇입니까.	• 직무와 관련된 학습을 꾸준히 하고 있는가. • 평생학습을 하고자 하는 자세를 견지하는가. • 신기술·기능에 대한 호기심은 어느 정도인가. • 새로 습득한 기술·기능화 이번에 지원하고자 하는 업무와 연계성은 있는가. • 개인적인 학습열의(자기개발) 수준을 알아본다. • 허황된 주장인지 아닌지 신뢰성 여부를 심층 질문한다.
② 지원자는 전문적인 능력을 어떻게 최신으로 유지합니까.	1) 왜 그것을 공부하였습니까. 2) 그런 경험이 있습니까. 예를 들어 말씀해 보십시오. 3) 어떤 기술이었습니까. 4) 어떤 학습을 하였습니까. 5) 결과는 어떠했습니까. 6) 언제 시작하였습니까. 7) 주, 월, 연간 빈도(횟수)는 어떻습니까.	• 직업적으로 성장할수록 자신의 지적 수준을 정기적으로 심화시키는 정보원은 무엇인가. • 날마다 (매주·격주·매월·분기마다) 읽고 있는 것이 있는가. • 전문가 협회와 얼마나 접촉(참석)하고 있는가.
③ 이전 소속(학교, 동아리, 인턴, 아르바이트, 직장)에서 무엇을 배웠습니까.	1) 어떤 기술이었습니까. 2) 어떤 학습을 하였습니까. 3) 결과는 어떠했습니까.	• 학습을 통해 축적된 경험으로는 어떤 것이 있는가. • 직업이 갖는 가치에 대한 관점은 무엇인가. • 이전 학교, 동아리, 인턴, 아르바이트, 직장에서 습득한 지식·기술로는 어떤 것이 있는가. • 그것이 해당 직무과 유관한가. • 다른 사람에게서 배우는가, 스스로 학습하는가. • 그것을 학습한 후 업무적인 성취가 달라졌는가.
④ 하는 일(직무)을 제대로 파악하기 위해 어떤 노력을 했습니까.	1) 정보를 수집하기 위해 다른 지원자와 차별화된 자신만의 행동이 있다면 무엇입니까. 2) 왜 그렇다고 생각하십니까.	• 정보를 수집하려고 어떤 노력을 하였는가. • 정보를 수집하는 경로는 차별화되어 있는가. • 사례는 구체적이면서도 정확한가. • 직무관심도가 가미되었는가.

직무관심, 정보취득, 자기개발		
도입질문	심화질문	질문 의도 및 체크포인트
① 귀하가 지원한 분야의 핵심 성공 요인은 무엇이라고 여깁니까.	1) 왜 그것이 가장 중요하다고 여깁니까. 2) 그렇다면 지원자는 그런 성공 요인을 가지고 있습니까. 3) 과거에 핵심 성공 요인을 발휘한 사례를 말씀해 주시겠습니까. (없다면) 그렇다면 어떻게 그 능력을 입증하시겠습니까.	• 지원자가 생각하는 핵심 성공 요인이 실제 업무에서도 적용되는가. • 실제적인 문제 해결 능력 예측을 평가할 수 있다. • 문제 인식과 분석에 필요한 비판적인 안목과 대안의 제시와 문제 해결에 필요한 낙관적인 시각을 모두 가지고 있는가. • 문제 해결 절차에 실무적인 이슈를 대입시키는 능력이 있는지로 실제적인 문제 해결 능력을 평가한다.
② 귀하가 지원한 직무를 이해하기 위해 과거로부터 취합한 정보나 자료를 바탕으로 직무의 특징을 이야기해 주십시오.	1) 정보를 어떤 수단과 방법을 통해서 입수하십니까. 2) 현재 지원한 직무에 대한 관심, 흥미를 갖게 된 이유가 무엇입니까.	• 이 지원자의 가치(지향성)는 어디에 있는가. • 다양한 취업 준비가 아니라 우리가 속해 있는 산업, 회사, 직무 등을 일관성 있게 준비했는가. • 실제로 준비한 행위를 파악할 수 있는가. • 과거로부터 지속적인 관심으로 꾸준한 준비를 했는가. • 즉흥적이고 피상적인 답변은 아닌가.
③ 이번에 지원한 분야와 관련하여 현재 학습하는 것이 있습니까. 최근의 예를 통해서 설명해 주시기 바랍니다.	1) 왜 그것을 공부하였습니까. 2) 어떤 기관에서 학습을 하고 있습니까. 3) 얼마나 되었습니까. 4) 최근에 학습한 내용은 무엇입니까.	• 직무와 관련된 학습을 꾸준히 하고 있는가. • 평생학습을 하고자 하는 자세를 견지하는가. • 신기술·기능에 대한 호기심은 어느 정도인가. • 새로 습득한 기술·기능과 이번에 지원하고자 하는 업무와 연계성은 있는가. • 개인적인 학습열의(자기개발) 수준을 알아본다. • 허황된 주장인지 아닌지 신뢰성 여부를 심층 질문한다.
④ 이번에 지원한 채용 공고에 대해 기억나는 대로 설명해 주십시오.	1) 채용 정보를 어떻게 입수하고 관리합니까. 2) 채용 공고에 소개된 직무 관련 정보에 대해 말씀해 주십시오. 3) 현재 지원한 직무 이외 다른 직무에도 도전한 적이 있습니까.	• 직무 관련 채용 정보 입수의 패턴을 파악한다. • 지원한 직무(분야)에 도전한 이유는 명확한가. • 취업 준비생인가. 직무 전문가인가. • 산업, 기관은 달라도 같은 직무를 도전한 것인가.

③ ORGANIZATION FIT

평가항목	확인항목
회사에 대한 관심, 입사 의지, 의사소통, 대인관계, 관계지향, 팀워크, 스트레스 해소	• 지원자가 해당 회사에서 추구하는 가치와 얼마나 부합하는지 확인한다. • 지원자가 앞으로 일하게 될 산업, 회사에 대해 제대로 분석하고 깊이 고민한 흔적이 있는지 알아보는 질문이다.

산업(회사)이해		
도입질문	심화질문	질문 의도 및 체크포인트
① 우리 회사가 속한 해당 산업 전반에 대해 아는 대로 말해 보십시오.	1) 해당 산업의 최신 이슈를 말씀해 주시겠습니까. 2) 그 정보의 출처는 어디입니까.	• 우리 회사가 속한 산업과 회사를 제대로 파악하고 지원한 것인가. • 그 업종에 관련된 각종 이슈에 민감한가. • 회사에 대해 알고 있는 정보를 통해 전문적인 지식의 깊이를 가늠한다. • 어떤 경로를 통해서 정보를 수집하는가. • 천편일률적인 내용인가, 자신만의 준비가 돋보이는 의견인가.
② 지원한 산업군 혹은 우리 회사가 하고 있는 사업에 대한 전망을 말해 보세요.	1) 그렇게 생각한 근거는 무엇입니까. 2) 해당 산업에서의 위치를 더 견고히 할 수 있는 방안에 대해 말해 보세요. 3) 해당 산업에서 차별화할 수 있는 방법은 무엇이라고 생각합니까.	• 산업 및 회사에 대한 분석과 회사에 대해 깊은 고민을 한 의견인가. • 우리 회사를 제대로 파악하고 지원하였는가. • 조직 발전에 기여할 사람인가. • 사례는 구체적이면서도 정확한가. • 어느 정도 분석적인 안목이 있는가. • 전문성이 가미되었는가. • 긍정 일변도인가, 추가 보완점을 의견에 반영하는가.
③ 수많은 기업 중에 우리 회사에 지원한 이유가 무엇입니까.	1) 우리 회사의 어떤 부분이 자신과 잘 어울립니까. 2) 우리 회사와 지원자가 함께 성장할 수 있는 부분이 있다면 무엇입니까.	• 회사에 어느 정도 충성할 사람인가. • 회사에 대한 관심도와 애정은 어느 정도인가. • 이 지원자의 직업관과 비전은 무엇인가. • 수많은 기업 중에서 우리 회사에 면접을 보러 온 이유는 무엇인가. • 지원동기를 구체적으로 제시하는가, 아니면 적당히 얼버무리는가. • 앞으로 회사에 어떤 가치를 보탤 수 있는가. • 회사에서 필요로 하는 어떤 특성을 지녔는가.
④ 우리가 속한 산업에서 중요한 트렌드는 무엇이라고 생각합니까.	1) 그렇게 생각한 근거는 무엇입니까. 2) 해당 산업에서의 위치를 더 견고히 할 수 있는 방안에 대해 말해 보세요. 3) 해당 산업에서 차별화할 수 있는 방법은 무엇이라고 생각합니까.	• 이번 면접을 위해 사전 준비한 수준은 어떠한가. • 이 분야에 대한 관심도는 얼마나 높은가. • 회사의 업종을 정확하게 파악하고 있는가. • 그 업종에 관련된 각종 이슈에 민감한가. • 해당 산업 분야에서 회사의 성공 여부를 가늠하는 척도로는 무엇을 꼽는 것이 바람직한가.

가치적합 Value fit		
도입질문	심화질문	질문 의도 및 체크포인트
① 자신의 가치나 역량 또는 성격 중 우리 회사에 부합되는 부분이 있다면 말씀해 주십시오.	1) 왜 그렇게 생각하십니까? 2) 우리 회사가 추구하는 가치는 무엇이라고 생각하십니까? 3) 자신의 가치와 우리 회사의 가치와 부합되는 점은 무엇입니까?	• 우리 회사의 가치와 얼마나 부합하는가. • 단순히 회사에 대한 정보만 숙지한 것이 아니라 산업과 연결해서 더 깊은 분석을 한 흔적이 보이는가. • 우리 회사의 특성과 개인 발전의 합일점이 보이는가. • 산업 및 회사에 대한 분명한 방향과 목표가 있는가. • 가치 적합성이 어느 정도 구체적인가. • 현재의 수준과 비전 사이의 간극을 극복할 계획을 가지고 있는가.
② 자신이 우리 회사에서 반드시 일해야 하는 이유를 답변해 주십시오.	1) 자신의 장점이나 성격 중 우리 회사 조직문화에 적합하다고 생각되는 것은 무엇입니까. 2) 언제부터 우리 회사에 입사하고자 생각했습니까.	• 우리 회사 특성과 개인 발전의 합일점은 보이는가. • 우리 회사에 대한 지원동기가 조직가치와 일치되는 부분이 있는가. • 분명한 방향과 목표가 있는가. • 방향과 목표가 얼마나 현실적이며 실현 가능한가. • 어느 정도 구체적인가. • 현재의 수준과 비전 사이의 간극을 극복할 계획을 가지고 있는가.
③ 공직 또는 공공기관의 경우 자신이 공공기관에서 반드시 일해야 하는 이유를 답변해 주십시오.	1) 자신의 장점이나 성격 중 공공기관 조직문화에 적합하다고 생각되는 것은 무엇입니까. 2) 언제부터 공기업에 입사하고자 생각했습니까. 3) 그 배경을 자세히 설명해 주십시오.	• 공공기관 근로자로서의 지원동기가 분명한가. • 공공기관 특성과 개인 발전의 합일점이 보이는가. • 공공기관에 대한 분명한 방향과 목표가 있는가. • 공직 비전이 얼마나 현실적이며 실현 가능한가. • 어느 정도 구체적인가. • 현재의 수준과 비전 사이의 간극을 극복할 계획을 가지고 있는가.

사업영업(특성) 이해		
도입질문	심화질문	질문 의도 및 체크포인트
① 우리 회사 사업 분야(영역)에 대해 말씀해 주십시오.	1) 그 사업영역 중 가장 강점이라고 생각하는 부분은 무엇입니까. 2) 왜 그렇다고 생각하십니까.	• 우리 회사를 제대로 파악하고 지원한 건가. • 우리 회사에 대한 관심도와 애정은 어느 정도인가. • 사업영역은 제대로 이해하고 있는가. • 우리 서비스의 강점을 제대로 이해하고 있는가. • 회사의 근황, 동정, 성과 등 근황에 대한 관심도를 알아본다.
② 우리 회사가 가진 가장 탁월한 경쟁력은 뭐라고 여기십니까.	1) 그렇다면 반대로 가장 큰 문제점은 뭐라고 생각하십니까. 2) 왜 그렇다고 생각하십니까. 3) 우리 회사의 제품이나 서비스를 사용해 본 적이 있습니까. 4) 우리 회사 광고를 본 적이 있나요. 5) 우리 회사와 경쟁이 될 만한 회사가 있다면 어디입니까.	• 해당 경쟁력에 대한 식견과 안목은 어느 정도인가. • 천편일률적인 내용인가, 자신만의 준비가 돋보이는 의견인가. • 경쟁력이나, 문제점 답변은 긍정 일변도인가, 추가 보완점을 의견에 반영하는가. • 긍정적 평가를 나열해 입발림으로 생색내는 것은 아닌가. • 서비스나 제품을 접해 본 경험이 있는가. • 자사 서비스나 제품, 기업 광고는 어떻게 반영되고 있는가. • 경쟁사라고 해서 무조건 부정적인 의견만을 말한다면 균형 잡힌 시각이라고 보기 어렵다.

사업영업(특성) 이해

도입질문	심화질문	질문 의도 및 체크포인트
③ 우리 회사에서 생산되는 제품 또는 서비스에 대해 아는 대로 말씀해 주십시오.	1) 그 생산품(서비스)의 장점은 무엇이라고 생각하십니까. 2) 반대로 단점은 무엇이라고 생각하십니까.	• 생산되는 제품이나 서비스를 제대로 이해하고 있는가. • 제품과 관련된 기본적인 용어를 알고 있으며 타인에게 간략히 설명할 수 있는가. • 선진 기업 제품과 관련된 다양한 정보와 지식을 습득하고 있는가. • 상품 또는 제공되는 서비스의 장점을 알고 있는가. • 단점을 제대로 알고 있으며 솔직하게 답변하는가.

조직문화(특성) 이해

도입질문	심화질문	질문 의도 및 체크포인트
① 우리의 경쟁사에 대해서 알고 있나요.	1) 알고 있다면 경쟁사 대비 우리의 장점을 말씀해 주십시오. 2) 반대로 경쟁사 대비 우리의 단점을 말씀해 주십시오.	• 어떤 경로를 통해서 정보를 수집하는가. • 제대로 파악하고 있는가. • 장단점에 대한 인지 수준이 긍정적인가, 부정적인가. • 경쟁사라고 해서 무조건 부정적인 의견만을 말한다면 균형 잡힌 시각이라고 보기 어렵다.
② 취업 준비를 하면서 우리 회사에 대한 많은 연구를 했을 텐데, 만일 우리 회사의 분위기(문화)에 대해 타인에게 설명한다면 어떻게 소개하시겠습니까.	1) 우리 회사 문화의 강점은 무엇이라고 생각하십니까. 2) 반대로 약점은 무엇이라고 생각하십니까. 3) 인터넷 검색 이외 회사 정보에 대해 조사한 것이 있습니까.	• 우리 회사의 분위기나 문화를 제대로 파악하고 지원하였는가. • 회사의 분위기나 문화를 파악하기 위해 실행한 행동이 있는가. • 문화에 대한 답변이 설득력이 있는가. • 어느 정도 우리 문화와 비슷한 부분이 있는가. • 분석적인 안목이 있는가. • 사례는 구체적이면서도 정확한가. • 전문성이 가미되었는가. • 제품이나 서비스 관련 기사나 업계 동향에 대한 관심을 가지고 있는가. • 제품이나 서비스를 사용해 보지 않았다면 관심도는 어떻게 증명될 수 있는가.

입사 의지, 열정

도입질문	심화질문	질문 의도 및 체크포인트
① 수많은 지원자 중에 왜 하필 지원자를 우리가 채용해야 합니까. (또는) 수많은 인재 중에서 지원자를 불합격시키면 안 되는 이유가 무엇입니까.	1) 그 강점이 본인에게만 있다고 판단하십니까. 2) 좀 더 차별화된 강점은 없습니까. 3) 그 강점을 우리 회사의 어떤 분야에 기여할 수 있습니까.	• 회사에서 필요로 하는 어떤 특성을 지녔는가. • 회사를 제대로 파악하고 있는가. • 지원자가 조직에 기여할 수 있는 점은 무엇인가. • 자신을 강력하게 어필하는 SELLING 내용이 설득력 있는가. • 막연한 강점을 바람직한 어휘 구사로 포장하려 들지 않는가.
② 지원자의 강점으로 우리 조직에 어떤 기여를 할 수 있습니까. (또는) 우리와 함께 일한다면 어떤 가치를 창출할 수 있습니까.	1) 왜 강점으로 여기는지 객관적인 측면에서 말씀해 주십시오. 2) 그 강점을 우리 회사의 어떤 분야에 기여할 수 있습니까.	• 회사에서 필요로 하는 어떤 특성을 지녔는가. • 우리 산업과 회사를 제대로 파악하고 지원한 것인가. • 이 사람의 가치는 어디에 있는가. • 우리 회사와 어느 정도 궁합이 맞는 사람인가. • 일반론이 아닌 설득 논리가 있는가. 있다면 객관적인가. • 지속적인 관심으로 준비하였는가. 직전의 피상적인 준비인가.
③ 가장 최근에 무언가에 시간 가는 줄 모르고 몰입했던 경험이 있습니까.	1) 어떤 것을 할 때입니까. 2) 어떻게 몰입이 가능했습니까. 3) 어떤 결과를 얻었습니까. 4) 어떤 느낌을 받았습니까.	• 몰입은 활력(특히 정신적인)이 있는 사람만 가능하다. • 몰입할 수 있었던 경험이 업무적으로 유용성이 있는지 본다. • 몰입의 경험은 (결과와 무관하게 과정 자체에서) 높은 성취감을 준다.

의사소통, 구두 의사소통		
도입질문	심화질문	질문 의도 및 체크포인트
① 지원자를 반드시 채용해야 하는 이유를 논리적으로 설명해 주십시오. (또는) 수많은 인재 중에서 지원자를 불합격시키면 안 되는 이유를 논리적으로 설명해 주십시오.	1) 그 이유가 본인에게만 있다고 판단하십니까. 2) 좀 더 차별화된 이유는 없습니까. 3) 그것을 통해 우리 회사의 어떤 분야에서 기여할 수 있습니까. 4) 좀 더 논리적으로 설명해 주십시오.	• 논리적 의사소통(설명)이란 어떤 주장이나 의견을 타당한 근거와 추론을 통해 설득력 있게 전달하는 것이다. • 주장: 설명하고자 하는 내용이나 입장이다. 주장은 명확하고 구체적이어야 한다. • 근거: 주장을 뒷받침하는 자료나 사실. 본인이 선발되어야 하는 근거는 객관적이고 신뢰할 수 있는 출처에서 가져와야 한다. • 추론: 주장과 근거를 연결하는 논리적인 과정이다. 추론은 일관되고 모순이 없어야 한다. • 자신을 막연하게 어필하는 SELLING 내용이 설득력 있는가. • 막연한 강점을 바람직한 어휘 구사로 포장하려 들지 않는가.

예를 들어, "치킨은 맛있는 음식이다."라는 주장을 논리적으로 설명한다면 다음과 같이 할 수 있습니다.

주장: 치킨은 맛있는 음식이다.
근거: 치킨은 닭고기의 고단백질과 튀김옷의 바삭함, 소스의 다양한 맛이 조화롭게 어우러져서 많은 사람들이 좋아하는 음식이다.
추론: 닭고기의 고단백질과 튀김옷의 바삭함, 소스의 다양한 맛은 맛있는 음식의 요소들이다. 따라서 치킨은 맛있는 음식이다.

논리적 설명이란 이렇게 주장, 근거, 추론을 활용하여 상대방을 설득하거나 이해시키는 것이다. 논리적 설명(의사소통 능력)을 잘하면 자신의 생각을 효과적으로 전달할 수 있고, 대화나 논쟁에서 우위를 점할 수 있다.

② 지금껏 살아오면서 업무적이든 사적으로든 설득력을 발휘했던 경험에 대해 이야기해 주세요.	1) 언제, 어떤 상황이었습니까. 2) 왜 설득이 필요했습니까. 3) 어떤 설득 논리로 설득을 했습니까. 4) 상대의 반응은 어떠했습니까.	• 설득 경험이 있는가. • 어느 정도 의사소통 능력(설득력)을 지녔는가. • 의사소통 능력(설득력)이 필요했던 상황인가. • 누구든 그러한 경험이 없을 리가 없고, 만약 정말 없다고 답한다면 개념 자체가 없거나 설득력이 아주 떨어지는 사람이라고 생각해도 무방하다. • '사람들의 반응'은 과장일 수 있으므로 즉석 시뮬레이션 과제를 통해 평가하는 것도 필요하다.
③ 다양한 지식과 강한 설득력을 바탕으로 최고 성과를 냈던 경험에 대해 이야기해 주세요.	1) 자신이 보유한 역량이 직무에서 어떻게 잘 활용되었나요. 2) 지원자는 실제로 뭐라고 말했습니까. 3) 설득을 위해 구체적으로 어떻게 준비했습니까. 4) 그것으로부터 어떤 교훈을 얻었습니까.	• 사전 조사를 충분히 했는가. • 자신의 강점을 납득하도록 전달할 수 있나. • 충분한 조사를 해서 직무의 요구 사항을 적절히 이해하고 있다면 관심도가 높다는 것을 말한다. 향후 조직에 대한 충성도가 높을 수 있다. • 자신의 장래 성과를 지금 증명해 보이는가.
④ 동료의 말을 세심하게 경청했던 경험에 대해서 이야기해 주세요.	1) 당신의 역할은 무엇이었습니까. 2) 동료는 어떻게 반응했습니까. 3) 결과는 어땠습니까. 4) 동료의 말을 세심하게 경청하지 않았다면 어땠을까요.	• 상대방의 얘기를 경청하거나 상대방에 대한 관찰을 통해 파악한 것으로 반응을 예측하여 대비할 수 있는가. • 'Open door' 등 경청할 수 있는 기회를 모색하여 대화를 유도하는가. • 상호 간의 이해를 도모하기 위한 경로를 모색할 수 있는가.

의사소통, 구두·문서 의사소통		
도입질문	심화질문	질문 의도 및 체크포인트
① 지원자의 요약 능력을 발휘한 사례를 말씀해 주세요. (예: 강의, 회의 등)	1) 지원자는 듣거나 읽을 때 어떤 방법으로 내용을 파악하고 기억하나요. 2) 그 방법을 선택한 이유는 무엇인가요. 3) 최근에 읽은 책이나 글은 무엇입니까. 4) 그 내용을 간단히 요약해서 말해 보세요.	• 요점 파악 능력이 어느 수준인지 파악한다. (경청 능력과 이해력은 요점 파악 능력에서 기인한다.) • 요점 파악 능력이 부족하면 중언부언하게 되며 말과 글의 효과성이 반감된다. • 대답할 때의 언어 표현이 핵심 위주로 전달하며 표현 역시 간결한가. • 요점 파악 능력은 후천적으로 길러지지 않는다는 점을 감안해야 한다.
② 지원자가 직접 글을 써 본 경험에 대해 이야기해 주세요.	1) 지원자는 평소 어떤 글을 좋아합니까. 2) 사무적인 글 이외에 글을 써 본 경험이 있습니까. 3) 자신의 글솜씨는 어느 정도라고 여깁니까. 4) 그렇게 생각하는 이유는 무엇입니까.	• 문장 표현력이 어느 정도인가. • 문장력과 말솜씨는 별개이다. • 말솜씨가 있다고 한다면 즉석 말하기(시뮬레이션) 과제를 주거나, 인터뷰 과정에서 표출되는 정보와 크로스체크가 필요하다.
③ 업무 중에 효과적인 의사소통이 필요하다고 느꼈던 경험에 대해 이야기해 주세요.	1) 어느 정도의 의사소통이 필요했습니까. 2) 의사소통이 업무 성과에 어떤 영향을 미쳤습니까. 3) 지원자의 의사소통 능력은 어디에 강합니까. 4) 왜 그렇게 생각하십니까.	• 의사소통 능력이 어느 수준인가. • 어떤 의사소통 방법을 사용하는가. • 업무 성과와는 어떤 관계가 있나. • 의사소통 능력에서 업무적인 요구와 현 수준 사이에 어느 정도의 간극이 있나. • 의사소통 측면에서 어떤 강점을 가졌고, 이는 업무에 어떤 도움이 기대되나.
④ 지원자는 어떤 형태의 의사소통을 선호하는지 이유와 함께 말해 주세요.	1) 상황에 따라서 선호도가 어떻게 달라집니까. 2) 어느 쪽이 가장 효과적이라고 느낍니까. 3) 아직까지도 어렵다고 느끼는 부분은 어떤 것입니까. 4) 지원한 직무에는 어떤 의사소통 방법이 가장 효율적이라고 생각합니까.	• 어떤 의사소통을 선호하며, 해당 업무에서 요구하는 조건을 충족하는가. 의사소통의 효과성은 어느 정도인가. • 언어적 의사소통 방법에 있어서 구두(직접 대화, 전화 통화)에 친숙한 사람과 문서에 친숙한 사람이 있다. • 직무에 따라 요구 조건이 다르다. • 구두에 의한 방식은 외향적인 사람이, 문서에 의한 방식은 내향적인 사람이 더 선호한다. 다른 정황 근거가 내향성·외향성과 일관성이 있는지 판단해 봐야 한다. • 의사소통이 효과적인 사람일수록 구두 메시지와 비언어적 메시지가 통일된다.
⑤ 지원자의 직무 또는 경험에서 가장 많이 의사소통을 해야만 했던 상사(대상)는 누구였는지 말씀해 주세요.	1) 어떤 주기로 의사소통이 필요했습니까. 2) 어떤 목적으로 의사소통이 이루어졌습니까. 3) 어떤 방법으로 의사소통이 이루어졌습니까. 4) 당신은 어떤 어려움을 겪었습니까. 그리고 그 어려움을 어떻게 극복했습니까.	• 전 직무의 가치나 개인적 영향력을 알 수 있다. • 일하는 스타일을 알 수 있다. • 의사소통의 범위가 넓으면(예: 직속 상사 외에 관련 분야 상사) 영향력이 큰 것이라 평가할 수 있다. • 상향 커뮤니케이션의 '목적'이 무엇이었나가 중요하다. 예를 들면 보고를 위해서보다 지시나 승인을 받기 위해서 더 많이 만난다면 수동적으로 일하는 패턴이다.

팀워크, 관계지향		
도입질문	심화질문	질문 의도 및 체크포인트
① 업무적이든 사적이든 팀으로 일해 본 경험이 있습니까.	1) 어떤 팀에서, 어떤 목적을 가지고 팀으로 일했습니까. 2) 지원자가 수행한 역할은 어떤 것이고, 어떻게 수행했습니까. 3) 그 결과는 어떠했고, 기회가 다시 주어진다면 어떻게 달리해 보고 싶습니까. 4) 지원자가 생각하는 가장 이상적인 팀은 어떤 팀입니까.	• 팀워크를 위해 어떤 기여를 할 수 있는가. (팀워커인가, 솔리스트인가.) • 팀 내의 문제 상황은 어떻게 해결할 수 있는가. • 문제가 있는 구성원으로도 시너지를 창출할 만한 역량이 있는가. • '이상적인 팀'을 물으면 대부분 자신이 희망하는 근무 환경을 언급한다. • 여기서 지원자의 문화적 적합도를 알 수 있다. (예를 들어, 느슨한 감독을 희망하는 사람이 철저히 짜인 조직적인 환경에 들어간다면 적응하기 어려울 것이다.)
② 다른 사람의 도움이 필요한 경우 지원자께서 어떤 방법으로 그러한 도움을 얻어 냅니까. 가장 대표적인 사례 하나를 들어 주세요.	1) 언제, 어떤 상황이었습니까. 2) 어떻게 사람들의 지원을 얻어 냈습니까. 3) 결과에 대해서는 얼마나 만족하십니까.	• 대인관계에서 지원자 나름대로의 강점은 무엇인가. • 외향적인 사람과 내향적인 사람에 대한 장단점을 파악하고 있는가. • 유형에 무관하게 인간관계의 중요성을 알고 자신만의 '관계관리 비법'을 실천하고 있다면 바람직하다.
③ 상대하기 어려운 사람과 함께 일(과업, 학습)을 할 때 어떻게 극복하나요.	1) 어떤 사람이 대하기 어려웠습니까. 2) 어떤 점이 서로 맞지 않았습니까. 3) 그 사람과의 관계는 어떻게 유지했습니까.	• 어떤 사람을 상대하기 어려워하는가로 대인관계 능력의 특성과 범위를 가늠한다. • 상대하기 어려운 사람을 대하는 방법을 터득하고 있는지를 본다. • 어렵다고 여기는 사람들의 특성을 보면 지원자의 특성과는 반대인 경우가 많다. • '상대'가 일반인들도 힘들게 여기는 유형인가, 자신만 힘들었던 경우인가.
④ 대인관계를 잘 유지해서 도움이 되었던 경험을 이야기해 주세요.	1) 언제, 어떤 상황이었습니까. 2) 관계를 유지하는 지원자만의 방법은 무엇입니까. 3) 도움을 받는 편인가요. 도움을 주는 편인가요. 4) 그것으로부터 얻은 교훈은 무엇입니까.	• 평소 대인관계의 폭과 깊이를 파악한다. • 누구에게나 도움을 받았던 적은 있다. • 그런 경험이 전혀 없다면 지나치게 내향적이거나 고립되어 있다고 간주해도 무방하다.
⑤ 전 근무지의 사람들과 지원자의 관계는 어떠했는지 설명해 주세요.	1) 전 근무지의 사람들과 퇴사 후에도 관계를 유지하고 있습니까. 2) 하고 있다면 (또는 하고 있지 않다면) 그 이유는 무엇입니까. 3) 함께 근무하며 좋았던 점은 무엇이었습니까. 4) 곤란했던 점은 무엇이었습니까.	• 전 근무지를 어떤 이유에서 떠나게 되었는지 짐작할 수 있다. • 전 근무지의 사람들과 소원하다든지, 퇴사 이후 전 근무지 사람들과 한 번도 만난 적이 없다면 무엇 때문인지 심층질문을 통해 규명할 필요가 있다. • 협업 경험은 어떠했는가. • 팀원에 대해 친근감을 표현하느라 통속어나 비속어로 지칭하지 않는가.
⑥ 처음에는 동의하지 않았던 사항에 대해 마음의 변화가 생겼던 경험에 대해서 이야기해 주세요.	1) 지원자는 구체적으로 왜 생각을 바꾸게 되었습니까. 2) 처음에는 왜 동의하지 않았습니까. 3) 지금 다시 그 상황으로 돌아간다면 같은 선택을 하시겠습니까. 4) 당신이 경험한 상황으로부터 어떤 교훈을 얻었습니까.	• 타인의 관심사에 관심을 보이는가. • 상대방이 이야기하기 쉬운 태도를 보이는가. • 필요시, 도움을 주고자 하는 적극적인 태도로 타인의 관심사에 반응을 나타내는가.

팀워크, 관계지향, 공감 능력		
도입질문	심화질문	질문 의도 및 체크포인트
① 학창 시절 (또는 경험이나 경력이 있다면) 전 근무지의 사람들과의 관계는 어떠했습니까. 그곳(회사나 학교)에서 가장 기억에 남는 상사(경험이 없다면 교수님, 선배)에 대해 설명해 주십시오.	1) 어떤 기준에 의해서 그렇게 표현하는지 예를 들어 설명해 주십시오. 2) 설명이 충분하지 않다면 추가 질문을 한다. 왜 그분이 기억에 남습니까.	• 대부분 긍정적인 모습만 이야기한다. 좋았던 점과 아쉬운 점을 함께 이야기하도록 유도한다. • 각각 상사들의 강점과 단점을 어떻게 보고 있는지 그리고 어떻게 표현하는지 살펴본다. • 외모나 용모 < 업무지향 < 관계지향의 크기 순으로 인간관계를 유추할 수 있다. • 인간관계 유형은 관계 중심인가, 업무 중심인가.
② 자신의 생각이 다른 사람과 다를 때, 지원자는 어떻게 합니까.	1) 다른 사람의 생각이 옳다고 판단될 때는 어떻게 합니까. 2) 자신의 생각이 옳은지 아닌지는 어떻게 판단합니까. 3) 자신의 생각을 유연하게 바꿔서 상황을 달라지게 했던 경험이 있으면 소개해 주세요. 4) 구체적으로 어떤 상황이었습니까. 5) 어떻게 의견이 오고 갔습니까. 6) 어떻게 의견이 조정되었습니까.	• 사고가 얼마나 유연한가. • 타인에 대한 경청 능력과 공감하는 능력은 수용할 만한가. • 지나치게 쉽게 동조하지는 않는가. • 구두로 묘사된 내용과 행동으로 표출된 단서에 일관성이 있는가. • 다른 관계되는 역량들과의 일관성이 있는가. (유연성과 관계되는 역량: 창의성, 통합조정 능력, 감수성)

자기통제(스트레스 내성)		
도입질문	심화질문	질문 의도 및 체크포인트
① 스트레스는 현대사회에서 피할 수 없는 것입니다. 지원자는 스트레스를 얼마나 잘 이겨 내는지요.	1) 지금껏 가장 스트레스를 많이 받았던 상황을 중심으로 설명해 주세요. 2) 스트레스를 많이 받는 때는 어떤 경우입니까. 3) 지원자는 스트레스를 받으면 어떤 반응을 보입니까. 4) 스트레스를 해소하는 자신만의 방법이 있다면 소개해 주십시오.	• 과부하가 걸렸을 때 이를 이겨 내는 내성은 모두 차이가 있고, 내향적인 사람일수록 내성이 크다. • 해소 방법도 내향적인 사람과 외향적인 사람이 다르다. • 어떤 종류에서 스트레스를 받는지 살핀다. 예를 들어 대인관계 스트레스가 큰 사람이라면, 대인 업무는 곤란하다. • 스트레스를 받는 경우 어떻게 해소하는가. • 피로와 스트레스에서 어떻게 회복하는가.
② 만약 지원자에게 전혀 하고 싶지 않은 일이 하달되면 어떻게 대처합니까.	1) 최근의 예를 통해서 설명해 주시기 바랍니다. 2) 하고 싶은 일과 하고 싶지 않은 일은 어떻게 달리 관리하십니까.	• 하기 싫은 일은 왜 싫은지 그 이유를 알고 있는가. • 즐기는 일과 그렇지 않은 일의 경계를 알고 있는가. • 좋아하는 일과 싫어하는 일의 처리 방법은 어떻게 다른가. • 싫어하는 일의 데드라인 관리는 어떻게 하는가.
③ 지원자가 주로 스트레스를 받는 이유는 어떤 것들입니까.	1) 지원자가 받고 있는 스트레스의 정도는 어느 정도입니까. 2) (답이 없을 때) 예를 든다면 인간관계, 업무, 학업 등을 말합니다. 3) 스트레스를 예방하거나 관리하기 위해 어떤 대책을 실천하고 있습니까.	• 지원자가 스트레스를 가장 많이 받는 영역과 정도를 파악한다. • 직무의 특성에 따라 요구되는 수준의 스트레스 내성을 가지고 있는지 비교, 평가한다. (예: 내향적인 사람은 외근에 스트레스를 더 많이 받고, 외향적인 사람은 내근을 더 힘들어한다.)

자기통제(긍정적 사고)		
도입질문	심화질문	질문 의도 및 체크포인트
① 최근 어떤 일의 결과로 자신감을 가지게 된 경험이 있다면 말씀해 주세요.	1) 해당 일을 하게 된 배경과 상황에 대하여 구체적으로 말씀해 주시기 바랍니다. 2) 일을 진행하는 과정에서 어려운 점은 없었습니까? 3) 만약 있다면, 어떤 상황이 었고 이에 어떤 노력을 기울였습니까? 4) 그 결과는 어떠했습니까? 5) 이러한 경험이 본인에게 어떤 교훈을 남겼습니까?	• 본인의 능력에 대한 긍정적인 믿음이 있는가? • 상황을 긍정적으로 인식하는가? • 해당 경험이 현재 긍정적인 영향을 미치고 있는가? • 어려움 속에서도 긍정적인 태도를 유지하였다. • 본인에 대한 믿음을 가지고 실행에 옮겼다. • 노력을 지속하기 위해 스스로 동기부여하는 방법을 알고 있다. • 해당 경험이 현재 본인에게도 긍정적 영향을 끼치고 있다. • 일관되게 긍정적인 생각과 태도를 보였다.
② 어떤 사람에 의해, 혹은 상황에 의해 부당한 대우를 받았던 경험이 있다면 말씀해 주세요.	1) 어떤 경험이었는지 구체적으로 말씀해 주십시오. 2) 왜 그런 상황이 발생했다고 생각하십니까? 3) 그 상황에서 어떤 반응을 취하셨습니까? 4) 왜 그런 반응을 보이셨습니까? 5) 이 경험을 통해 느낀 점이 있다면 무엇입니까? 6) 왜 그렇게 느끼셨습니까?	• 자신의 기분이나 상황에만 국한되어 부당함을 이야기하는가? • 부당한 경험에 대해 어떻게 반응하는가? • 부정적인 경험이 자신에게 어떤 영향을 끼쳤다고 생각하는가? • 자신이 부당하다고 생각하는 상황에 대한 합리적인 이유가 있다. • 부당한 상황이지만 이해하려고 노력한다. • 부당한 상황을 만든 대상이 가진 긍정적인 속성을 함께 이야기한다. • 자신의 성향을 긍정적이라고 이야기한다. • 부정인 경험이더라도 긍정적으로 해석하여 성장하고자 한다.

④ MOTIVATION FIT

평가항목	확인항목
동기부여적합성, 내적동기, 외적동기, 지원동기, 성취동기	• 지원자들이 산업·직무에 대한 지향성, 지원자가 직무로부터 기대하거나 바라는 요인과 직무가 실제로 제공하는 요인의 일치 정도를 측정한다. • 추가로 지원동기, 성취동기, 고객지향, 채용 정보 이해도, 우리 회사 직무에 입사하기 위해 활동한 행동 사례를 파악하는 영역이다.

동기부여 적합성		
도입질문	심화질문	질문 의도 및 체크포인트
① 지원한 직무에서 가장 선호하는 부분은 무엇입니까? (답변을 충분히 들은 다음) 그렇다면 선호하지 않는 부분은 무엇입니까?	1) 어떤 이유에서 좋아합니까? 2) 어떤 이유에서 좋아하지 않습니까?	• 선호하는 이유는 직무내용 때문인가, 관계 때문인가. • 선호하지 않는 점은 무엇이고, 그 이유는 무엇인가. • 직무의 장단점을 정확히 파악하고 있는가. • 업무상 좋아하는 부분과 자신의 장점이 결부되는가. • 선호하지 않는 일에 대해 솔직히 말하는가. • 이것은 좋은 질문은 아니나, 지원자의 기대감이 실제 직무가 제공하는 요인과 얼마나 조화를 이루는지 판단하는 데 도움을 준다.
② 우리 회사에서 원하는 부서(팀)에 입사한다면 가장 하고 싶은 일은 무엇입니까?	1) 그 이유는 무엇입니까? 2) 그 일이 가장 중요한 일이라고 생각하십니까? 3) 왜 그렇게 생각하십니까?	• 직무의 특징, 즉 하고 싶은 일과 실제 직무에서 해야만 하는 일에 대한 파악이 제대로 되어 있는가. • 하고 싶은 일과 해야만 하는 일에 GAP은 어느 정도인가. • 지원자가 지원한 직무에 대해 바라는 것은 무엇인가. 하고 싶은 일은 무엇인가. • 하고 싶은 일이 지원자의 장점과 연관이 있는가. • 그 일을 잘할 수 있는 객관적인 증거(전공, 자격, 경험 등)는 있는가.
③ 우리 회사에 지원한 부서(팀)에 입사한다면 어떤 (무슨) 일들을 할 것 같습니까? (답변을 들은 후) 그렇다면 그 부서(팀)에서 반드시 해야만 하는 일은 어떤 것들이 있다고 생각하십니까?	1) 왜 그렇게 생각하십니까. 2) 그렇게 생각하게 된 근거는 무엇입니까? 3) 그 외에 어떤 일(업무)들이 있다고 생각하십니까?	• Want vs. Must를 구분하고 있는가. • 직무의 특징, 즉 하고 싶은 일과 해야만 하는 일에 대한 파악이 제대로 되어 있는가. • 하고 싶은 일과 해야만 하는 일에 GAP은 어느 정도인가. • 지원자가 입사 후 해야만 하는 일을 이해하고 있는가.
④ 우리 회사·직무에 입사하게 된다면 좋은 점은 무엇입니까? (또는) 우리 회사·직무에 입사하게 된다면 얻는 것은 무엇입니까? (답변을 들은 후) 이와 반대로 잃는 것(기회비용)은 무엇입니까? 회사와 직무는 동시에 질문하지 않는다.	1) 어떤 이유에서 좋다고 생각하십니까? 2) 모든 선택에는 기회비용이 들어갑니다. 기회비용이란 어느 한 가지를 선택함으로써 포기하는 것 중 가장 큰 (또는 가치들의 합) 가치를 말합니다. 3) 우리 회사·직무를 선택함으로써 잃는 것은 무엇입니까? 4) 왜 그렇게 생각하십니까?	• 좋아하는 이유(얻는 점)가 금전적 이유 외에 전문성, 성장, 업무내용 때문인가, 사회·관계 중심 때문인가. • 좋아하는 부분과 자신의 장점이 결부되는가. • 기회비용 또는 잃는 것에 대해 솔직히 말하는가. • 좋아하는 이유(얻는 점)가 하위 욕구(부족해서 생기는 욕구)인가? 상위 욕구(더 성장하고 싶어서 생기는 욕구)인가? • 금전적 동기 이외 안전의 욕구, 사회적 욕구, 존중의 욕구, 자아실현의 욕구 중 어디에 속하는가. • 인간은 충족되지 아니한 욕구를 만족하기 위해서 동기가 부여된다. • 사람들은 공통적인 범위의 욕구가 있으며, 이러한 보편적인 욕구는 충족되어야 할 순서대로 계층적으로 서열화되어 있다. • 직무 또는 회사를 선택한 최우선 요소와 실제 직무 또는 회사 가치와 연관이 있는가.

동기부여 적합성		
도입질문	심화질문	질문 의도 및 체크포인트
⑤ 어떤 일을 할 때 의욕이 생기나요.	1) 그 이유는 무엇인가요? 2) 구체적으로 어떤 상황이었습니까? 3) 반대로 어떤 일을 할 때 의욕이 생기지 않습니까?	• 정신적인 일인지, 신체적인 활동인지 살핀다. • 금전적인지 비금전적인지 살핀다. • 내적(직접)동기인지 외적(간접)동기인지 살핀다. • 지원한 회사의 산업 또는 직무와 유관한지 평가한다. • 의욕이 생기지 않을 경우 어떻게 극복했는가. • 자발적이었는지, 환경에 의해 떠밀렸는지 살핀다.

동기부여 적합성(경력)		
도입질문	심화질문	질문 의도 및 체크포인트
① 지금까지 맡았던 것 중 최고의 직무는?	1) 상세한 직무내용을 말씀해 주시겠습니까? 2) 그 일을 하면서 가장 좋았던 점은 무엇입니까? 3) 왜 그렇게 생각하십니까. 4) 반대로 최악의 직무내용은 무엇이었습니까?	• 어떤 업무를 가장 즐겼는가. • 그 업무가 우리의 업무와 연관이 있는가. • 하고 싶은 일과 해야만 하는 일에 GAP은 어느 정도인가. • 가장 맘에 들지 않았던 건은 무엇인가. • 그 일을 잘할 수 있는 객관적인 증거(전공, 자격, 경험 등)는 있는가.
② 과거 지원한 분야와 유사한 일을 해 본 적이 있습니까? (답변을 충분히 듣고) 지난 2년간 직무(업무)내용에 대해 말씀해 주십시오.	1) 그때는 왜 그만두었습니까? 2) 유사 직무에 관심을 갖게 된 이유는 무엇입니까? 3) 어떤 업무를 가장 즐겼습니까? 4) 2년간의 직무내용 중 가장 최고의 직무는 무엇이었습니까? 5) 2년간 가장 맘에 들지 않았던 것은 무엇이었습니까?	• 직무의 연속성 또는 유사성이 있는가. • 유사 직무에 관심을 갖게 된 이유는 무엇인가. • 2년간 해 온 최고의 직무는 무엇인가. • 2년 중 가장 싫었던 직무는 무엇인가. • 최고, 최악의 내용이 우리 실제 직무에 들어 있는가. • 최악의 내용이 들어 있다면, 동기부여 적합성이 떨어질 수 있다.

지원동기		
도입질문	심화질문	질문 의도 및 체크포인트
① 우리 회사 입사를 위해 어떤 준비를 하셨나요? 우리 회사만을 위한 취업 준비에 대한 과거 행동에 대해 말씀해 주십시오.	1) 타인과 다른 준비는 어떤 것들이 있나요. 2) 전공, 자격증 취득, 인터넷 검색 등의 준비 외에 다른 행동 사례가 있나요. 3) 만일 다른 지원자와 비교하여 준비가 부족한 점이 있다면 무엇인가요.	• 전공, 자격증, 동아리 활동은 우리 회사만의 준비가 아니다. • 일반적인 취업 준비가 아닌 우리 회사에 입사(지원)하기 위한 준비를 했는가. • 우리 회사에 입사하기 위해 실제로 행동한 사례가 있는가. 있다면 얼마나 제대로인가. • 다양한 전공, 자격 취득이 아니라 우리 회사가 속한 산업, 또는 지원한 직무 등에 일관성 있게 준비를 했는가. • 우리 회사만을 위해 실제로 준비한 행위를 파악할 수 있는가. • 다른 지원자와 비교하여 준비가 부족한 점을 솔직하게 이야기하는가.

지원동기		
도입질문	심화질문	질문 의도 및 체크포인트
② 다양한 직무 중 이 직무를 선택한 이유는 무엇입니까? 면접용 멘트 말고 지원자의 솔직한 의견을 듣고 싶습니다.	1) 이 직무를 선택하게 된 요소 중 최우선 요소는 무엇입니까.	• 이 직무·회사에 흥미를 갖게 된 계기는 무엇인가. • 이 직무·회사를 선택한 요소가 하위 욕구(부족해서 생기는 욕구)인가? 상위 욕구(더 성장하고 싶어서 생기는 욕구)인가? • 금전적 동기 이외 안전의 욕구, 사회적 욕구, 존중의 욕구, 자아실현의 욕구 중 어디에 속하는가. • 인간은 충족되지 아니한 욕구를 만족하기 위해서 동기가 부여된다.
③ 다양한 회사 중 우리 회사를 선택한 이유는 무엇입니까? 면접용 멘트 말고 지원자의 솔직한 의견을 듣고 싶습니다.	1) 이 회사를 선택하게 된 요소 중 최우선 요소는 무엇입니까.	• 사람들은 공통적인 범위의 욕구가 있으며, 이러한 보편적인 욕구는 충족되어야 할 순서대로 계층적으로 서열화되어 있다. • 직무 또는 회사를 선택한 최우선 요소와 실제 직무 또는 회사 가치와 연관이 있는가. • 이 직무·회사에 흥미를 갖게 된 계기는 무엇인가. • 이 직무·회사를 선택한 요소가 하위 욕구(부족해서 생기는 욕구)인가? 상위 욕구(더 성장하고 싶어서 생기는 욕구)인가? • 금전적 동기 이외 안전의 욕구, 사회적 욕구, 존중의 욕구, 자아실현의 욕구 중 어디에 속하는가. • 인간은 충족되지 아니한 욕구를 만족하기 위해서 동기가 부여된다. • 사람들은 공통적인 범위의 욕구가 있으며, 이러한 보편적인 욕구는 충족되어야 할 순서대로 계층적으로 서열화되어 있다. • 직무 또는 회사를 선택한 최우선 요소와 실제 직무 또는 회사 가치와 연관이 있는가.
④ 우리 회사에 꼭 입사하고 싶습니까? 그렇다면 왜 우리 회사 또는 이 일을 하려고 합니까? 이 직무를 선택한 까닭은 무엇입니까?	1) 귀하의 어떤 부분이 우리 회사 또는 지원한 분야와 적합하다고 판단하고 있습니까? 2) 좀 더 구체적인 사례를 들어 답변해 주십시오.	• 특별히 이 직업을 선택하게 된 동기는 무엇인가. • 선택의 기준이 된 고려 요소 중 최우선 요소는 무엇인가. • 다른 분야를 염두에 두지 않는 이유는 무엇인가. • 이 직업에 흥미를 갖게 된 계기는 무엇인가. • 동기를 구체적으로 제시하는가, 아니면 적당히 얼버무리는가. • 택한 직업에서 분명한 비전을 가지고 있는가. • 조직에서 요구하는 모델과 얼마나 근접한 인재인가. • 조직 발전과 개인 발전의 합일점CONVERGENCE은 보이는가.

성취동기		
도입질문	심화질문	질문 의도 및 체크포인트
① 최근 자신이 도전한 목표는 무엇이었습니까?	1) 그 목표를 달성하기 위해 어떤 노력을 하였나요? 2) 목표했던 성과는 달성하였나요? 3) 성과 결과는 어땠나요? 4) 그 결과에 대해 만족하셨습니까? 만족했다면 (또는 만족하지 않았다면) 그 이유는 무엇입니까?	• 도전적이고 구체적이며 측정이 가능한 목표를 수립하고 목표를 달성하기 위해 최선을 다해 노력을 하였는가. • 성과를 높이기 위해 자신의 업무 방식 또는 프로세스를 스스로 개선하였는가. • 수행 결과를 측정하기 위해 자신만의 구체적인 방법을 사용하거나 새롭고 특이한 방법을 이용하여 수행을 향상하였는가. • 업무 성과를 높이기 위해 자원과 시간을 과감하게 투입하였는가.

성취동기		
도입질문	심화질문	질문 의도 및 체크포인트
② 자신이 이룬 성과 중, 가장 훌륭하다고 말할 수 있는 성과에 대해서 얘기해 주세요.	1) 그 과정은 어땠나요? 2) 다른 사람들은 당신의 성과를 어떻게 평가했나요? 3) 어떤 방법으로 어려움을 극복했나요? 4) 그 성과를 통해 어떤 교훈을 얻었습니까.	• 성과라는 의미를 어떻게 인식하고 있는가. • 대단한 경험보다는 미약하지만 성취감을 만끽한 경험이 있는가. • 그 경험을 통해 어떤 면에서, 얼마나 성장했는가. • 성취감을 느낄 때 기분이 어떠했는가. • 적임자라는 인상을 주기 위해 허풍을 떠는 것은 아닌가. • 성과를 통해 장점을 강화하였는가.
③ 자신이 지원한 분야에서 성취해야 할 성과 내용에 대해 아시는 대로 설명해 주세요.	1) 왜 그렇게 생각하십니까? 2) 그것을 어떤 방법으로 달성할 수 있습니까? 3) 누구의 도움을 받아야 하나요. 4) 미달성 시 어떻게 하시겠습니까?	• 자신의 역할수행과 관련하여 기대 성과를 이해하였는가. • 해당 부서의 성과 결과에 대해 이해하고 있는가. • 달성 방법은 구체적이고 현업의 그것과 유사한가. • 동료 등을 통해 조언을 구하여 성과를 향상할 수 있는 방안을 자발적으로 모색하였는가. • 업무 수행을 향상하기 위해 해당 직무나 부문에서 이전에 시도해 본 적이 없는 방법을 제시하는가.

성취동기(경력)		
도입질문	심화질문	질문 의도 및 체크포인트
① 최근 자신의 업무에 있어서의 목표는 무엇이었으며 성과 결과를 측정했던 방법을 얘기해 주세요.	1) 그 목표를 달성하기 위해 어떤 노력을 하였나요? 2) 목표했던 성과는 달성하였나요? 3) 성과 결과는 어땠나요? 4) 그 결과에 대해 만족하셨습니까? 만족했다면 (또는 만족하지 않았다면) 그 이유는 무엇입니까?	• 도전적이고 구체적이며 측정이 가능한 목표를 수립하고 목표를 달성하기 위해 최선을 다해 노력을 하였는가. • 성과를 높이기 위해 자신의 업무 방식 또는 프로세스를 스스로 개선하였는가. • 수행 결과를 측정하기 위해 자신만의 구체적인 방법을 사용하거나 새롭고 특이한 방법을 이용하여 수행을 향상하였는가. • 업무 성과를 높이기 위해 자원과 시간을 과감하게 투입하였는가.
② 지원자가 속한 조직의 성공적인 성과 달성을 위해 다른 부서 혹은 조직의 도움을 받았던 경험을 얘기해 주세요. 반대로 다른 부서(조직)에게 도움이 되었던 경험을 말씀해 주세요.	1) 지원자가 속한 조직이 지향하는 목표는 무엇이었습니까? 2) 다른 부서 혹은 조직에는 어떤 성공 사례가 있었습니까? 3) 다른 부서 혹은 조직으로부터 어떤 도움을 받았습니까? 4) 최종 결과는 어떻게 되었습니까?	• 자신의 역할수행과 관련하여 기대 성과를 이해하였는가. • 동료 등을 통해 조언을 구하여 성과를 향상할 수 있는 방안을 자발적으로 모색하였는가. • 업무 수행을 향상하기 위해 해당 직무나 부문에서 이전에 시도해 본 적이 없는 방법으로 일을 처리하였는가. • 성과를 높이기 위해 자원과 시간을 과감하게 투입하고, 새로운 일을 추진하며 도전적 목표를 달성하여 긍정적인 분위기를 조성하였는가.
③ 자신이 속한 조직 또는 팀의 목표성과 달성을 위해 개인적인 희생을 감수하면서까지 최선을 다했던 경험을 얘기해 주세요.	1) 당신이 희생했을 때 마음속에 어떤 생각이 들었습니까? 2) 최종 결과는 어떻게 되었습니까? 3) 그 결과에 만족하셨습니까? 만족했다면 (또는 만족하지 않았다면) 그 이유는 무엇입니까?	• 도전적이고 구체적이며 측정이 가능한 목표를 수립하고 목표를 달성하기 위해 최선을 다해 노력하였는가. • 성과를 향상하는 데 중요한 행동들을 제시하고 개인 목표 및 조직 목표를 달성할 수 있는 Key Driver를 도출할 수 있도록 지원하였는가. • 성과를 달성하기 위해 조직 내 각각의 기능에 대한 우선순위를 정하고 관리하였는가. • 조직목표가 실현될 수 있도록 조직 역량을 강화할 수 있는 방안들을 제시하였는가.

동기의 근원(지원동기, 가치, 신념)

도입질문	심화질문	질문 의도 및 체크포인트
① 어떤 유형의 사람들과 같이 일하고 싶습니까?	1) 어떤 유형(품성)의 사람이 가장 편안합니까? 2) 어떤 유형이 가장 불편합니까? 3) 상사로서 갖춰야 할 품성이 있다면 무엇입니까?	• 선호하는 유형은 어떤 종류인가. • 바람직한 영향력을 끼칠 수 있는 품성으로 무엇을 우선에 두는가. • 업무적 상호작용은 어디까지를 바람직하게 여기는가. (피드백 유형) • 편안한 유형은 자신의 장점과 유사점이 많다. • 불편한 유형은 자신의 단점에서 기인하기도 한다.
② 왜 이 일을 하려고 합니까? 또는 이 직업을 선택한 까닭은 무엇입니까?	1) 귀하의 어떤 부분이 우리 회사 또는 지원한 분야와 적합하다고 판단하고 있습니까? 2) 좀 더 구체적인 사례를 들어 답변해 주십시오.	• 특별히 이 직업을 선택하게 된 동기는 무엇인가. • 선택의 기준이 된 고려 요소 중 최우선 요소는 무엇인가. • 다른 분야를 염두에 두지 않는 이유는 무엇인가. • 이 직업에 흥미를 갖게 된 계기는 무엇인가. • 동기를 구체적으로 제시하는가, 아니면 적당히 얼버무리는가. • 선택한 직업에서 분명한 비전을 가지고 있는가. • 조직에서 요구하는 모델과 얼마나 근접한 인재인가. • 조직 발전과 개인 발전의 합일점 CONVERGENCE 은 보이는가.
③ 직장(조직)생활을 통해 지원자께서 추구하는 것은 무엇입니까?	1) 그것이 본인의 가치관과 어떤 관계가 있습니까? 2) 어떤 것을 기대합니까? 3) 왜 그렇게 생각하십니까? 4) 좀 더 구체적으로 말씀해 주십시오.	• 직업에 대한 가치관은 어떠한가. • 직장생활에서 기대하는 혜택은 무엇인가. • 회사의 방향성과 상충되는 것은 무엇인가. • 개인 가치 지향형인가, 조직 가치 지향형인가. • 업무 중심적인가, 관계 중심적인가. • 우리 회사가 추구하는 가치와 위배되지 않는가. • 직업적으로 성장 가능성은 어느 정도인가.
④ 그동안 구직활동(지원)을 했던 회사·직무에 대해 소개해 주십시오. (경력의 경우 경력 질문) 회사·직무에 대해 동시에 질문하지 않는다.	1) 이 회사에 관심을 갖게 된 동기는 무엇입니까? 2) 왜 다른 회사에는 지원하지 않았습니까? 3) 우리 회사·직무에 대한 채용 정보는 어떻게 얻으셨나요? 4) 이 직무에 관심을 갖게 된 동기는 무엇입니까? 5) 왜 다른 분야에는 지원하지 않았습니까?	• 이 사람의 가치(지향성)는 어디에 있는가. • 산업이나 직무에 대한 일관성이 있는가. • 해당 산업이나 직무를 위한 구직 노력 기간은 어느 정도였는가. • 과거로부터 지속적인 관심으로 준비하였는가, 직전의 피상적인 준비인가. • 경력이나 지향성을 감안하면서 구직활동을 해 왔는가. • 구직을 위한 정보 수집 능력은 어느 정도인가.

고객지향

도입질문	심화질문	질문 의도 및 체크포인트
① 자신의 서비스 정신을 가장 잘 보여 주는 일화가 있다면 소개해 주시겠습니까?	1) 대상이 어떻게 정해졌습니까? 2) 그때의 상황은 어떠했습니까? 3) 지원자는 어떻게 했습니까? 4) 어떤 어려움이 있었습니까? 5) 결과는 어떠했습니까? 6) 그 결과에 대해 만족하셨습니까? 만족했다면(또는 만족하지 않았다면) 그 이유는 무엇입니까?	• 서비스는 지식이 아니라 실천이다. • 심층질문으로 근거를 꼭 확인한다. • 의도적으로 확인이 곤란한 내용을 답하기 쉬우므로 '정직성'과 연계해서 심층질문이 필요하다. • 구체적 경험이며 일관성 있게 답하는지 살핀다. • 자발적인 행동인지 여부를 구분한다. • 행위의 적극성 수준을 살핀다.

고객지향		
도입질문	심화질문	질문 의도 및 체크포인트
② 고객 만족을 위해서 가장 필요한 것은 무엇이라고 느꼈는지 말씀해 주세요.	1) 왜 그렇게 생각했습니까? 2) 지원자는 그것을 어느 정도 가졌습니까? 3) 고객을 만족시켜야 하는 이유는 무엇입니까? 4) 지원자가 지원한 분야에서 고객은 누구입니까?	• 고객 중심 사고가 생활화되어 있는가. • 사람들은 자신이 이미 갖춘 것을 '필요·중요하다'고 하는 경향이 있으니 체험 여부를 확인해야 한다. • 내부 고객이 만족하지 못하면 외부 고객을 만족시키기 어렵다. • 지원한 분야의 고객을 제대로 이해하고 있는가. • 채용할 업무와의 적합도는 어떠한가.
③ 지원자에게 가장 어려운 고객은 누구였는지 말씀해 주세요.	1) 그 고객을 어떻게 처리 또는 관리했습니까? 2) 지원자의 처리 방식에 대해 고객의 평가는 어떠했습니까? 3) 그 고객의 평가에 대해서는 어느 정도 만족하십니까?	• 고객에 대한 감각이 어느 정도인가. • 본인 중심적이 아닌 고객 중심적인 사고와 자세를 갖추었는가. • 내부 고객과 외부 고객을 나누어서 생각하는 폭넓은 사고력을 가졌는가. • 고객의 관점으로 생각의 전환이 가능한가. • 고객의 기대를 예견하는 선견력이 있는가. • 영업이나 마케팅 지원이 아니라도 고객 지향적인 자세는 모두가 갖추어야 할 자세이다.
④ 자신이 다른 사람을 배려하는 마음은 어느 정도인지 관련 사례를 들어 말씀해 주세요.	1) 그 당시의 상황을 구체적으로 설명해 주시겠습니까? 2) 그래서 어떻게 했습니까? 3) 결과는 어떠했습니까? 4) 그 경험으로 어떤 교훈을 얻었습니까?	• 배려와 봉사 자세는 상관이 있으므로 대답의 세부 근거를 살핀다. • 상대방의 입장인지를 살펴 배려의 정도 차이를 가늠한다. • 고객에게 가치를 제공하고, 고객의 편에서 더 나은 결과를 얻을 수 있도록 고객지향적 조직문화를 형성하는가. • 친절하고 유쾌한 서비스를 제공하는가.
⑤ 고객이나 의뢰인이 문제를 해결하는 데 최선을 다했지만 고객이 만족하지 못했던 상황에 관해서 말씀해 주세요.	1) 고객이 만족하지 못했던 이유는 무엇입니까? 2) 그 경험을 통해서 배운 점은 무엇입니까? 3) 다시 그런 상황이 온다면 어떻게 하겠습니까. 그리고 왜 그렇게 하겠습니까?	• 고객의 요구에 대한 이해를 기초로 의사 결정하며, 업무를 진행하는가. • 고객의 문의, 요청, 불만 사항을 처리하고 경과를 알려 주지만 고객이 안고 있는 근본적인 문제를 파고들지 않는가. • 내·외부 고객들의 불만을 줄이기 위한 방안을 지속적으로 강구해서 실행하는가. • 고객에게 가치를 제공하고, 고객의 편에서 더 나은 결과를 얻을 수 있도록 고객지향적 조직문화를 형성하는가.
⑥ 자신의 부서나 팀에 '고객제일주의customer first' 정신을 확립하기 위해 노력했던 사례에 관해서 말씀해 주세요.	1) 지원자가 생각하기에 고객제일주의는 왜 중요합니까? 2) 고객을 응대하다가 자신에게 피해가 온다면 어떻게 하겠습니까? 3) 고객제일주의의 정신을 통해 고객을 응대했을 때 어떤 성과가 있었습니까? 4) 그 사례를 구체적으로 설명해 주시겠습니까?	• 고객에게 가치를 제공하고, 고객의 편에서 더 나은 결과를 얻을 수 있도록 고객지향적 조직문화를 형성하는가. • 고객의 관점에서 장기적인 이익을 모색, 고객의 성공을 위해 뭔가 조치를 취하고 동료들에게 전파하는가. • 조직의 장기적인 이익을 위해 구성원들에게 자신의 노하우를 알려 주고 지도할 수 있는가.

서식 6-26 면접 질문 개발 시트

평가항목	확인항목
☐ 태도적합 ☐ 직무적합 ☐ 조직적합 ☐ 동기적합	

측정지표 ( )		
도입질문	심화질문	질문 의도 및 체크포인트

서식 6-27 효과적인 질문 vs. 부적절한 질문

효과적인 질문	부적절한 질문
• 라포Rapport를 형성할 수 있는 질문 • 사실을 확인하고 추론할 수 있는 개방형의 기본분석 및 심층분석 질문 • 가능하면 직접 화법으로 하는 질문 • 한 번에 한 가지씩 하는 질문 • 전체적인 배경으로 시작하여 직무의 구체적인 부문으로 진행하는 질문 • 과거의 기억/행동을 통해 역량을 확인할 수 있는 질문 • 직무/역량을 확인할 수 있는 구조화된 심층분석 질문 • 개인의 활동에 초점을 맞춘 질문	• 따지거나 조사하는 듯한 압박질문 • 답을 암시·유도하는 폐쇄형 질문 • 복잡한 구조의 질문 • 한 번에 두 가지 이상의 질문 • 기본적인 질문을 생략하고 구체적인 것부터 시작하는 질문 • 미래에 대한 생각·사고를 묻는 질문 • 개인적 호기심을 충족하기 위한 질문 • 사생활(본적, 부모직업, 재산 상황 등)을 침해하는 질문 • 차별(결혼, 출산, 여성 등)과 관련된 질문 • 조직의 활동에 초점이 맞추어진 질문

서식 6-28 피해야 할 질문 구조

면접관은 회사를 대표한다는 자세로 지원자를 대해야 한다. 합격 여부와 별도로 회사의 위상에 따르는 파급 효과를 고려하여 귀사에 대해 좋은 이미지를 가질 수 있도록 언행에 각별히 유의해야 한다. 면접 시작 후 첫 몇 분 동안은 지원자에게 좋은 인상을 주려고 노력해야 하며 지나치게 공격적인 질문으로 지원자를 당황하게 하거나, 지원자의 주장을 무시하는 발언은 지양해야 한다. 면접 시 무엇이나 물어봐도 상관없다고 생각하는 사람은 없을 것이다. 그렇다면 당신은 바람직하지 않은 질문에 대해 알고 있는가?

질문 유형	예시
막연한 생각이나 의견 또는 태도를 묻는 질문	'현재 회사의 비전에 대해서 어떻게 생각하십니까?'
현재형으로 묻는 질문	'어떻게 그 일을 하십니까?'(과거 특정 상황에서 직접 행한 행동이 아닌 일반적으로 해야 하는 행동을 답하게 됨)
Yes/No로 대답이 가능한 질문	'성과 관리를 잘하신다고 생각하십니까?'
가(설)상 질문	'만약 이런 상황이라면 어떻게 …?' • 가설적 상황을 설정하고 그 상황에서 어떻게 할 것인지 묻는 질문 • 가설적 상황에서는 실제 의도와는 다른 행동을 한다고 반응할 수 있기 때문에 정확히 판단하기 어려운 경우가 발생할 수 있음
지원자가 방어를 해야 하는 비판적인 질문	'그 상황에서는 더욱 체계적인 전략수립이 선행되었어야 한다고 생각하지 않으십니까?'
모호한 질문	'당신 자신에 대해 말씀해 보세요'
다중 선택 질문	'회사를 떠난 이유가 급여 때문인가요, 아니면 커리어 때문인가요?'
유도질문	'리더십이 조직관리에 어느 정도나 중요하다고 보십니까?' • 특정 응답을 유도하는 질문들 • 예: 그 방법을 사용하면 예산이 문제가 될 텐데, 예산에 대해서는 어떻게 하실 겁니까?
관련성이 없는 질문	'한국 축구 수준에 대해 어떻게 생각하시나요?'

질문 유형	예시
이중 질문	'이 문제의 원인은 무엇이었고 어떤 해결안을 고려하셨나요?' • 하나의 질문에 여러 개의 질문이 포함되어 있는 유형 • 예: 그 사원은 얼마나 유능하고 성격이 좋다고 생각하십니까?
마라톤 질문	'…(이러쿵저러쿵)… 어떻게 생각하십니까?'
비평적인 질문	'그 회사의 인력 수준은 별로라고 생각되는데, 그렇지 않나요?'
차별적 질문	'몇 살입니까?'

서식 6-29 직무 연관성이 없으며 사생활 침해의 오해를 줄 수 있는 질문

구분	국가인원위원회 시정 권고 항목
개인신상	성별, 나이, 출신학교, 본교·분교, 재산, 주·야간, 종교, 출신지역, 혼인여부, 직장 내 가족·지인, 고시·자격증, 병역면제사유, 성장과정, 주거형태, 추천인, 가입단체·회원가입
신체사항	신장, 체중, 색맹·색약, 시력, 혈액형, 장애 종류·급수, 건강, 특이사항, 과거 질병
가족사항	성명, 연령, 학교, 출신학교, 근무처, 직위, 동거여부, 부모, 생존여부, 종교, 학비 지급자, 거주지, 가족 월수입, 형제관계
기타	면접관의 개인적 친분, 성향 고정관념에 관한 질문 현 정부 정책에 대한 개인적인 의견을 묻는 질문 지원자와 특정 주제에 대한 논쟁이나 설득, 훈계식의 질문

※ 직무 관련성이 있는 학력, 자격증, 사회활동, 개인특성은 질문 가능하다.

면접에서 편견을 배제하기

모든 면접관들은 개인적인 선호도와 과거 경험에 의해 어느 정도 영향을 받는다. 그러한 편견을 스스로 인식하고 지원자의 행동에 중점을 둔 체계적인 면접기법을 사용하여 편견을 다스려야 한다. 일반적으로 면접관들이 빠지기 쉬운 편견이나 오류를 알아보고 여기에 빠지지 않기 위한 대응 방법을 알아보자.

서식 6-30 면접관들이 빠지기 쉬운 편견이나 오류

유형		특징	대응방법
면접질문 오류		면접질문의 신뢰도 및 타당도의 결여	평가항목(측정지표)과 관련 없는 질문은 회피한다. 질문 내용이 직무 관련성과 관련이 있는지 확인한다.
평가위원 투사 오류		자신과 유사성을 가진 지원자의 단점은 간과하고 상이성을 가진 지원자의 장점은 평가 절하시킨다.	지원자가 자신과 얼마나 유사하거나 상이한지, 그리고 그것이 평가에 얼마나 영향을 미치는지 자문해 본다. 직무와 무관한 문제에 대해 논하는 시간을 줄인다.
첫인상 지배		지원자의 첫인상(외모, 어조, 복장)이 편견을 조성하여 직무 관련 분야를 판단하는 데 영향을 준다. 대부분의 면접담당자는 이런 유형의 편견에 자신들이 얼마나 영향을 받고 있는지 자각하지 못하고 있다.	면접 초반 2분 동안에 형성된 인상이 평가 결과에 중대한 영향을 미치지 않게 주의한다. 면접 초반 5분 내에 지원자의 어디가 마음에 들고 마음에 안 드는지 확실히 집어낸다. 그 점에 대해 스스로 어떻게 느끼는지 인식하여 직무 관련 분야를 평가할 때는 적용시키지 않도록 한다.
후광오류		한 분야에서의 우수함이 부각되어 다른 분야에까지 미치는 경향 한 가지 긍정적 요소 → 나머지 모든 것을 긍정적으로 평가 한 가지 부정적 요소 → 나머지 모든 것을 부정적으로 평가	각 평가요소를 별도로 평가한다. 한 가지 요소를 평가한 등급이 다른 요소의 등급평가에 영향을 미치지 않게 주의한다.
대비오류		지원자들을 서로 비교하는 것은 한 지원자에서 다음 지원자로 바뀔 때 여러분의 기대치를 낮추거나 높이는 역할을 한다. 결과적으로 대개 부적격자를 고용하게 된다.	평가할 각 요소에 업무 수행 기준을 마련한다. 각 지원자들을 다른 지원자가 아닌 평가 기준과 비교하도록 총체적인 노력을 한다.
선택적 지각		자신의 성격 이론이나 인간관, 조직관, 편견과 선입견 등에 따라 정보를 선택적으로 인식하거나 수용	자신만의 감정이나 편견에 치우치지 않는지 유념한다.
관대화 경향 엄격화 경향		사실 근거보다 더 관대/엄격하게 평가	이러한 경향을 항상 유의한다. 솔직하고 건설적인 평가에 의해서만 적합인재를 선발할 수 있다는 사실을 명심한다.
중심화 경향		개인차를 극소화하려는 경향 평가자의 리스크를 최소화하려는 동기에서 나온다. 평가자로서의 자신감이 부족하다.	
기타	낙인효과		후광효과의 반대개념으로, 부정적인 정보가 확인되지 않은 다른 정보에 악영향을 미치는 것이다. 학점이 낮으면 능력도 떨어진다고 생각하는 것이 대표적이다.
	외모현혹		외모를 무시할 수는 없다. 하지만 외모에 지나치게 비중을 두는 것은 위험하다. 인물은 멀쩡하지만 무능한 사람도 많기 때문이다. 외모의 영향력은 시간이 짧을수록, 면접경험이 부족할수록, 면접이 구조화되어 있지 않을수록 크다.
	말솜씨		말을 못하는 것보다는 잘하는 것이 좋다. 하지만 말을 잘한다고 반드시 일을 잘하는 것은 아니다. 말만 앞서고 행동이 따르지 않는 사람들을 조심해야 한다.
	비언어적 단서들에 대한 부적절한 사용		말투, 태도, 복장, 자세, 걸음걸이, 음성, 신체적 조건 등에 대한 지나친 의존

서식 6-31 ATOM 기반 면접평가표 A type

지원자 정보	지원자		평가자 정보	평가자			(서명)
	분야			소속			
면접 일시	20 년 월 일		평가 결과	적극채용	채용	보류	불합격
	시작 00:00 ~ 종료 00:00						

	Attitude(비중%) [1]			Technical(비중%)			Organization(비중%)			Motivation(비중%)		
측정지표	상사, 동료, 고객으로부터 받은 피드백을 수용하고 실행하는 태도를 확인한다.			지원자가 직무를 수행하기 위해 필요한 지식, 기술, 능력을 어느 정도 갖추고 있는지 확인한다.			조직의 문화와 개인의 특성이 서로 유사하거나 합치되는 가치들을 지니고 있는지 관찰한다.			직무로부터 기대하거나 바라는 요인과 실제로 그 내용이 얼마나 일치하는지 파악한다.		
평가요소	항목	준거	확인	항목	준거	확인	항목	준거	확인	항목	준거	확인
	코칭 수용	상사평가 관계능력		직무 전문	직무이해 전문성		가치 적합	회사분석 산업분석		동기 적합	동기부여 적합성	
	인정 포용	자기평가 자기이해		직무 경험	유관 경험 및 경력		의사 소통	언어 및 논리소통		지원 동기	입사를 위한 노력	
	충성 만족	조직평가 조직지향		직무 관심	자기개발 학습흔적		관계 지향	타인 감수성		성취 동기	성과달성 지향	
도입질문 [2]	이전 직장 상사는 어떤 분이었나요. 그리고 긍정적 영향력과 부정적 영향은 무엇인가요?			지원한 분야에서 다른 지원자와 차별화되는 귀하만의 노하우나 전문성은 무엇입니까?			우리 회사가 가진 가장 탁월한 경쟁력은 무엇이라고 여기십니까? 이와 반대로 취약점은?			지원한 분야에 입사하면 어떤 일을 할 것 같습니까? 해당 분야에서 좋아하는 일은?		
	그 상사는 지원자의 장점을 무엇이라 할까요? 반대로 부족한 점은 무엇이라 할 것 같나요.			이번에 지원한 분야와 관련된 경험이나 경력이 있다면 소개해 주십시오.			우리 회사가 지원자를 선발해야 되는 이유를 논리적으로 설명해 주십시오.			우리 회사에 입사하기 위해 어떤 준비를 하셨는지 구체적으로 말씀해 주십시오.		
	이전에 일한 회사를 추천한다면 어떤 이유에서인가요. 이와 반대로 비추천한다면 그 이유는 무엇입니까?			지원자는 직무 관련 전문 지식을 어떻게 최신으로 유지합니까. 최근 학습한 내용을 말씀해 주세요.			어떤 사람에게 또는 상황에 의해 부당한 대우를 받았던 경험이 있다면 말씀해 주세요.			지원한 직무와 관련하여 최근 무언가를 성취했다면 무엇인가요? 왜 그것을 했나요.		
평정근거	Positive * * *			Positive * * *			Positive * * *			Positive * * *		
	Negative * * *			Negative * * *			Negative * * *			Negative * * *		

	S	A	B	C	S	A	B	C	S	A	B	C	S	A	B	C
평정 [3]	25	20	15	10	25	20	15	10	25	20	15	10	25	20	15	10

1) 비중은 면접 전 주관부서 및 직무전문가 회의를 통하여 설정한다.
2) 면접질문은 휴먼에러를 방지하기 위해 반드시 구조화된 면접질문지를 활용한다.
3) 평정 점수는 비중 × 척도등급, 중도화 경향 및 면접관 오류를 배제하기 위해 4점 척도를 사용한다.

서식 6-32 ATOM 기반 면접평가표 B type

지원자 정보	지원자			평가자 정보	평가자		(서명)	
	분야				소속			
면접 일시	20 년 월 일 시작 00:00 ~ 종료 00:00			평가 결과 3)	적극채용	채용	보류	불합격

단계	영역	평가요소 및 도입질문 1)	비중 2)	평정 3)	점수 4)
질문 단계	A	**코칭수용**: 이전 직장 상사는 어떤 분이었나요. 그리고 긍정적 영향력과 부정적 영향은 무엇인가요?		ⓢⒶⒷⒸ	
		인정포용: 그 상사는 지원자의 장점을 무엇이라 할까요? 부족한 점은 무엇이라 할 것 같나요?		ⓢⒶⒷⒸ	
		충성만족: 이전에 일한 회사를 추천한다면, 어떤 이유에서인가요. 이와 반대로 비추천한다면.		ⓢⒶⒷⒸ	
	T	**직무전문**: 지원한 분야에서 다른 지원자와 차별화되는 귀하만의 노하우나 전문성은 무엇입니까?		ⓢⒶⒷⒸ	
		직무경험: 이번에 지원한 분야와 관련된 경험이나 경력이 있다면 소개해 주십시오.		ⓢⒶⒷⒸ	
		직무관심: 직무관련 전문지식을 어떻게 최신으로 유지합니까? 최근 학습한 내용을 말씀해 주세요.		ⓢⒶⒷⒸ	
	O	**사업이해**: 우리 회사가 가진 가장 탁월한 경쟁력은 무엇이라고 여기십니까? 이와 반대로 취약점은?		ⓢⒶⒷⒸ	
		의사소통: 우리 회사가 지원자를 선발해야 되는 이유를 논리적으로 설명해 주십시오.		ⓢⒶⒷⒸ	
		관계지향: 어떤 사람 또는 상황에 의해 부당한 대우를 받았던 경험에 대해 말씀해 주세요.		ⓢⒶⒷⒸ	
	M	**동기적합**: 지원한 분야에 입사하면 어떤 일을 할 것 같습니까? 해당 분야에서 좋아하는 일은?		ⓢⒶⒷⒸ	
		지원동기: 우리 회사에 입사하기 위해 어떤 준비를 하셨는지 구체적으로 말씀해 주십시오.		ⓢⒶⒷⒸ	
		성취동기: 지원한 직무와 관련하여 최근 무언가를 성취했다면 무엇인가요? 왜 그것을 했나요.		ⓢⒶⒷⒸ	
근거 기록	긍정 요소	*A *T *O *M			
	부정 요소	*A *T *O *M			

1) 면접질문은 휴먼에러를 방지하기 위해 반드시 구조화된 면접질문지를 활용한다.
2) 비중은 면접 전 주관부서 및 직무전문가 회의를 통하여 설정한다.
3) 중도화 경향 및 면접관 오류를 배제하기 위해 4점 척도를 사용한다.
4) 평정 점수는 비중 × 척도등급

서식 6-33 4점 척도 평가표

많은 사람들이 우리 점수 척도를 보고는 "어? 왜 4점짜리 척도를 쓰죠?"라고 종종 묻는다. 과도한 통계학적 설명을 빼고 말하자면 4점짜리 척도가 더 나은 자료를 제공하기 때문이다. 아래의 서식은 4점 척도의 한 예이다. 이것을 쓰는 이유는 다음과 같다. 첫째는 더 한정된 척도를 쓰게 되면(3점이나 5점 같은) 점수가 중간 점수로(우리는 이것을 중심화 경향이라고 부른다.) 치우치게 된다. 사람들은 일반적으로 '이 사람 형편없음'을 나타내는 칸에 표기하고 싶어 하지 않는다. 면접관도 예외는 아니다. 특히 처음 본 상황에서 그 사람에 대해 중대한 결정을 할 때 함부로 비판하는 것 같다는 느낌이 들 수도 있다. 많은 면접관이 좋은 사람은 타인을 비판적으로 평가를 하지 않는다는 잘못된 생각을 가지고 있다. 그래서 "나는 좋은 사람이고 남을 함부로 판단하지 않아."라는 것을 보여 주기 위해 중심화 경향을 보이거나 정당한 점수보다 더 많은 점수를 주는 관대화 경향이 있다.

이런 태도의 위험성은 명확하지만, 실제 면접에서 종종 볼 수 있다. 4점 척도를 쓰게 되면, 면접관의 중심화, 관대화 경향이 사라지며 죄책감 없이 낮은 점수를(2점이나 1점 같은) 주게 된다.

4 (S)	3 (A)	2 (B)	1 (C)
적극채용	채용	보류	불합격

서식 6-34 단어 그림

이것은 진짜 재미있는 부분이다. 우리 회사에서는 고성과자와 저성과자가 사용하는 언어의 차이를 평가하기 위해 정교한 답변 분석 연구에 집중하였다. 예를 들어 고성과자가 대답할 때 과거시제 혹은 미래시제를 쓰는지, 저성과자들은 어떤 종류의 관사와 부사를 쓰는지 등을 연구했다. 이 연구는 우리 업계에서 거의 누구도 다뤄 본 적이 없는 거의 혁신적인 연구이다. 그리고 아직 우리 회사의 연구 수준에 필적하는 회사는 본 적이 없다.

관사	
1인칭 대명사 단수	고성과자는('긍정적 신호') 저성과자보다('경고 신호') 거의 60% 많은 1인칭 대명사 단수를(나, 나를, 나의) 썼다.
1인칭 대명사 복수	저성과자는 고성과자보다 300% 많은 1인칭 대명사 복수(우리, 그들)를 사용했다.
2인칭 대명사	저성과자는 고성과자보다 400% 많은 2인칭 대명사(당신, 당신의)를 사용했다.
3인칭 대명사	저성과자는 고성과자보다 400% 많은 3인칭 대명사(그는, 그녀는, 그들은)를 사용했다.
중성 대명사	저성과자는 고성과자보다 70% 많은 중성대명사(그것, 그 자체로)를 사용했다.
	간단히 말해서 고성과자들은 자신에 대해, 자신이 한 일을 말하는 반면 전형적인 저성과자들은 2인칭과 3인칭 대명사를 많이 쓴다는 의미이다. 고성과자들은 "화요일에 고객에게 전화해서 고민을 함께 나누자고 말했습니다."와 같은 말을 한다. 저성과자들은 "고객의 얘기를 듣기 위해서는 고객과 연락할 필요가 있습니다."라고 말하거나 "우리는 항상 고객에게 전화해서 고민을 함께 나누자고 말해야 합니다."라고 할 것이다.

관사	
	고성과자들은 좋은 경험이 많으므로 스스로에 대해 얘기를 하며 어떻게 좋은 태도를 가지게 되었는지 말한다. 1인칭 대명사를 쓰는 것을 부끄러워하지 않는다. 하지만 저성과자들은 이런 훌륭한 태도를 보여 준 경험이 없기에 '우리'가 문제를 어떻게 다뤄야 하는지와 같은 추상적인 대답을 하기 쉽다. 이것은 가정일 뿐이다. 이런 답변은 실제 상황에서 어떻게 행동할지를 보여 주지 못한다. 게다가 사람들은 거짓말을 할 때 무의식중에 자신을 거짓말과 분리하려 하기 때문에 2인칭과 3인칭 대명사를 더 많이 쓰게 된다는 연구 결과가 있다. 여기서 중요한 것은 사람들이 '나'에 대해 말하는지(좋은 답변) 아니면 '우리/그/그것/그들'에 대해 말하는지(나쁜 답변) 주의해야 한다는 것이다.

동사 시제		
과거시제	고성과자들은 저성과들에 비해 과거시제를 40% 더 많이 썼다.	
현재시제	저성과자들의 답에는 고성과자들보다 현재시제가 120% 더 들어 있었다.	
미래시제	저성과자들은 고성과자에 비해 미래시제를 70% 더 많이 사용했다.	
	간단히 정리하자면, 고성과자에게 과거 경험을 얘기해 보라고 하면 실제 자신의 과거 경험을 얘기할 것이다. 필연적으로 과거시제를 사용한다. 반대로 저성과자는 과거 경험에 대해 말해 달라고 하면 자신이 무엇을 하고 있는지(현재시제), 그리고 무엇을 할지(미래시제)를 멋지게 지어내 답변할 것이다. 고성과자들과 달리 저성과자들은 실제 과거 경험이 없기 때문에 이런 자세한 얘기를 할 수 없다. 따라서 까다로운 손님을 만났던 경험을 얘기해 보라고 하면 고성과자들은 과거시제를 사용한 예를 들 것이다. "저는 서버에 문제가 생겨 마감 시간을 놓칠 뻔한 고객을 만났습니다." 그러나 저성과자들은 현재시제나 미래시제로 대답할 가능성이 많다. "화난 고객을 대하는 첫 번째 원칙은 해결책을 모르겠다고 시인해서는 안 된다는 것입니다." 혹은 "비이성적인 고객을 만난다면 고객보다 제가 그 분야에 대해 잘 안다는 사실을 강조하여 고객의 흥분을 가라앉히겠습니다." 여기서 현재시제와 미래시제는 2인칭이나 3인칭 대명사와, 과거시제는 1인칭 대명사와 함께 쓰이는 걸 볼 수 있다.	

감정		
긍정적 감정	고성과자의 답변에는 저성과자보다 긍정적인(기쁜, 신나는, 설레는) 감정이 25% 정도 더 많았다.	
부정적 감정	저성과자의 답변에는 고성과자보다 부정적인(화난, 걱정스러운, 초조한, 회의적인) 감정이 90% 정도 더 많았다.	
	감정적 문제는 이해하기 쉽다. 고성과자는 저성과자에 비해 신났던 일에 대해 더 많은 얘기를 할 것이다. 그러나 실제 이들 간 차이점은 고성과자는 저성과자에 비해 부정적인 감정 표현을 덜 한다는 것이다. 우리의 모든 연구 결과를 보면 고성과자들은 저성과자들만큼 화내지 않는다. 이들이 화를 내거나 답답해하지 않는다는 의미가 아니다. 이들도 화를 낸다. (저성과자들 때문에 화낼 때가 많다.) 하지만 고성과자들은 부정적인 감정을 해결할 건설적인 배출구를 가지고 있었다. 성격적 특징을 고려해 봤을 때 고성과자들은 본능적으로 흥분하지 않으며, 그다지 긴장하는 편이 아니므로 감정을 잘 조절할 줄 알았고, 면접에서 이런 부정적인 감정을 잘 드러내지 않았다.	

수식어		
부사	저성과자의 답변은 고성과자들보다 부사를 40% 더 많이 사용한다.	
	고성과자들은 저성과자들에 비해 수식어 없는 대답을 할 가능성이 많다. 이들의 답변은 직설적이고, 사실적이고, 과거시제를 쓰며, 개인적이다. 반면 저성과자들은 자신의 답변에 수식어를 쓸 가능성이 많다. 이들은 자신의 답변에 강한 느낌을 주기 위해 수식어를 사용한다. 사실 내용만으로는 자신의	

	수식어
	장점을 표현하지 못하기 때문이다. 저성과자들은 기발한 아이디어가 떠올랐던 상황을 말하기보다는 "저는 꾸준히·항상·종종·평소에(모두 부사) 좋은 아이디어를 냅니다." (혹은) "매우·가장·빨리 해결하였습니다."라고 말할 것이다.
부정어	저성과자는 고성과자에 비해 부정어(아닌, 어느 것도 아닌)를 130% 더 많이 썼다.
	일부는 부정적 성향 때문에 또 다른 일부는 자신의 말을 수식할 필요성 때문에 부정어를 많이 쓴다. 저성과자들로부터 "뭘 해야 할지 몰랐습니다." 혹은 "우리 부서에서 그 사람이 무슨 일을 하는지 아는 사람은 정말 아무도 없었어요."와 같은 말을 듣는 건 어렵지 않다.

서식 6-35 지원자 평가 스킬

관찰/기록	분류/평가

모든 것들을 기억하기 어렵기 때문에 면접관으로서 가장 중요하게 생각해야 할 것은 기록이며, 객관적이고 관찰된 행동에 초점을 맞추어 기록하는 것이 중요하다.
 	
• 관찰
▶ 지원자가 어떤 내용을 언급하고 있는가?
▶ 질문의 의도와 유관한 답변을 하고 있는가?
▶ 그렇게 답변하는 근거는 무엇인가?
▶ 그 근거의 타당성은 수용할 만한가?
▶ 지원자의 답변은 반드시 과거의 행동을 기반으로 평가한다.
 	
• 기록
▶ 지원자의 말과 행동에 초점을 두어 기록함
▶ 평가나 판단보다 관찰된 행동을 기록함
▶ 평가나 판단을 기록할 때는 반드시 근거가 되는 행동도 함께 기록함
▶ 기록을 통하여 첫인상 또는 과제 마지막의 인상에 좌우되는 일을 피할 것
▶ 현재 진행되는 과제에 집중하면서 관찰한 사실은 바로, 짧게 메모함
▶ 축약된 단어나 표현을 사용
  (예시) 과제 목표에 적합한 일이 무엇인가 하는 큰 그림을 보기보다는 과제를 빨리 완성하는 데 둔다.
  (기록) 목표 빨리 완성에 초점, 과제해결이 우선
▶ 공개적으로 기록할 것: 몰래 하지 말 것
▶ 짧고 핵심적인 단어나 낱말의 형태로 기록할 것, 문장 사용 시, 짧고 명료한 형태로 사용할 것
▶ 근거 자료로서 가치가 있는 것들을 중심으로 기록할 것
	• 분류: 평가할 역량에 따라 기록한 내용을 분류하고 긍정/부정적 행동을 구분한다.
	▶ 평가 역량과 행동지표를 확인한다.
	▶ 역량과 행동지표를 토대로 기록된 행동이 어떤 역량과 관련되어 있는지 확인한다.
	▶ 기록 내용을 평가역량에 따라 분류하여 옮긴다.
	▶ 관찰/기록 결과를 역량별로 분류한다.
	▶ 분류된 행동에 대해 긍정/부정적 행동을 표시한다.
	
	• 평가: 지원자를 평가하는 과정 중 가장 마지막에 이루어지며, 자신의 주관이나 선입견에 따라 평가해서는 안 되고 역량별 행동지표와 판단기준에 따라 객관적 평가를 해야 한다.
	▶ 지원자 퇴실 이후 자료를 근거로 평정한다.
	▶ 모든 기록을 주의 깊게 읽는다. 흔히, 평가 프로그램이 끝난 직후 바로 평가하게 되면, 전반적인 인상이나 뒷부분 행동에서 영향을 많이 받게 된다. (Regency Effect)
	▶ 관찰/기록 결과를 역량별로 분류한다.
	▶ 생각이 아닌 행동을 평정한다.
	▶ 사례 또는 근거를 기반으로 평정한다.
	▶ 평가표에 당신이 그렇게 생각하는 이유를 쓴다. 모든 평가에는 반드시 근거나 이유가 있으며, 이를 반드시 기록으로 남겨야 한다.
	▶ 평가를 한 이후 다시 한번 Review한다. 평가를 한 이후, 최종 점수가 해당 역량에 대해 자신이 본래 생각했던 수준인지를 다시 한번 생각해 본다.
	▶ 최종 평가 결과를 기록한다.

서식 6-36 지원자 평가 척도

평가 척도는 다음과 같은 4가지 척도가 있으며, 내부 논의를 통해 척도 방식을 선정하도록 한다.

① checklist 방식

점수	1	2	3	4	5
내용	4가지 요소들 중 어떤 것도 수준이 미약하다.		4가지 평가 요소들 중 2가지 이상에서 증거가 미약하거나 수준이 미약하다.		1) 명확한 목표 의식을 가지고 시작했으며 2) 구체적이고 도전적인 달성 목표가 있고 3) 더 잘, 빨리, 제대로 배우기 위해 노력했으며 4) 향후 활용에 대한 구체적인 계획을 가지고 있음

② Rating 방식

점수	평가항목	척도
내용	1) 명확한 목표 의식을 가지고 시작했다. 2) 구체적이고 도전적인 달성 목표가 있다. 3) 더 잘, 빨리, 제대로 배우기 위해 노력했다. 4) 향후 활용에 대한 구체적인 계획을 가지고 있다.	1--2--3--4--5 1--2--3--4--5 1--2--3--4--5

③ BARS 방식

점수	1	2	3	4	5
내용	명확한 자기 목표가 없거나, 제시한 목표가 현실성이나 구체성이 없다.		명확한 자기 목표가 있으나, 구체적인 계획과 자기 변화를 위한 실천이 부족하다.		명확한 자기 목표가 있고, 그것을 달성하기 위한 구체적인 계획과 강한 달성 의지를 가지고 자신을 변화시켜 왔다.

④ BOS 방식

점수	Positive Behavior	Negative Behavior
내용	1) 명확한 목표 의식을 가지고 있다. 2) 목표가 구체적이고 도전적이다. 3) 목표 달성을 위한 구체적인 계획을 가지고 있다. 4) 더 잘, 빨리, 제대로 배우기 위해 노력했다. 5) 스스로 동기부여 한다.	1) 목표가 불분명하다. 2) 목표의 수준이 낮다. 3) 목표 설정의 근거가 부족하다. 4) 계획이 구체적이지 않다. 5) 하던 방식을 고수한다.

점수	1	2	3	4	5
내용	• 구체적인 행동지표가 전혀 파악되지 않음 • 부정적 행동지표가 3~4개 이상 파악됨	• 긍정적 행동지표가 거의 파악되지 않음 • 부정적 행동지표가 주로 파악됨	• 긍정적 행동지표가 3~4개 파악됨 • 부정적 행동지표가 1~2개 파악됨	• 긍정적 행동지표의 대부분이 파악됨 • 부정적 행동지표가 1~2개 파악됨	• 긍정적 행동지표의 대부분이 파악됨 • 부정적 행동지표가 전혀 파악되지 않음

서식 6-37 평가 기준 선정 방법

평가 기준	정의	개별 평정	채용 여부	기대 수준	종합평가 영역	종합평가 종합 평정
Excellent 전문가 수준	• 질문이나 문제, 상황에 대한 명확한 이해와 독창적인 아이디어를 더한 답변 • 그 산출물(답변/답안) 및 성과의 완성도가 90% 이상이며 이를 매우 자주 나타내는 수준 ☑ 답변이나 문제 해결 완성도: 90% 이상 ☑ 빈도: 80%~100% (매우 자주) ☑ Positive 3개 이상 / 　Negative 0개 (회사에 따라 기준을 정함)	4	반드시 채용	↑	90 이상	☐
Proficient 숙련자 수준	• 질문이나 문제, 상황에 대해 명확한 의도와 판단에 기초한 답변 • 그 산출물(답변/답안) 및 성과가 70% 이상의 완성도를 보이며 이를 자주 나타내는 수준 ☑ 완성도: 70% 이상 ☑ 빈도: 60%~80% (보통~자주) ☑ Positive 3개 이상 / 　Negative 1개 이하 (회사에 따라 기준을 정함)	3	채용		80~89	○
Developing 적응자 수준	• 질문이나 문제, 상황에 대해 당연하거나(해야만 하는 것을 하는) 단편적인 답변 • 그 산출물(답변/답안) 및 성과가 60% 이상의 완성도를 보이며 이를 가끔 나타내는 수준 ☑ 완성도: 60% 이상 ☑ 빈도: 40~60% (가끔) ☑ Positive 2개 이하 / 　Negative 2개 이하 (회사에 따라 기준을 정함)	2	채용 보류	최소한	70~79	△
Insufficient 입문자 수준	• 질문이나 문제, 상황에 대해 활용이 제한적이거나 부재하며, 수용할 수 없는 답변 • 그 산출물(답변/답안) 및 성과의 완성도가 60% 미만인 초보적인 수준 ☑ 완성도: 60% 미만 ☑ 빈도: 60% 미만 ☑ Positive 1개 이하 / 　Negative 2개 이상 (회사에 따라 기준을 정함)	1	결격		69 이하	X

서식 6-38 전형 단계별 합격/불합격 안내문 샘플

합격/불합격 안내문을 작성할 때는 몇 가지 중요한 요소를 고려해야 한다. 여기에는 정중함, 명확성, 그리고 지원자에 대한 감사의 표현이 포함된다. 아래는 합격/불합격 통지문의 예시이다.

이 안내문은 지원자에게 결과를 전달하면서도 그들의 노력을 인정하고, 향후 기회에 대한 문을 열어 두는 방식으로 작성되어야 한다. 불합격 통지는 지원자에게 실망감을 줄 수 있지만, 이와 같이 적절하게 작성된 통지문은 지원자와의 장기적인 관계를 유지하는 데 도움이 될 수 있다.

서류전형 합격 통지 예시 ①

안녕하십니까.
○○ 기업(기관) 인사팀 ○○○입니다.

축하합니다.
귀하께서는 당 ○○ 기업(기관) 신입직원 서류전형에 합격하시어 1차 면접전형에 참가하시게 되었습니다.
이에 1차 면접전형에 대하여 다음과 같이 안내하여 드리오니 참석하여 주시면 감사하겠습니다.

– 다음 –

면접 일시: 20XX년 X월 X일(○요일) ##시 ##분   면접 장소: □□□□□빌딩 ×층 (서울 성동)
제출 서류:
기타 사항:

서류전형 합격 통지 예시 ②

안녕하십니까.
○○ 기업(기관) 인사팀 ○○○입니다.

축하합니다.
귀하께서는 본원 신입직원 서류전형에 이어 1차 면접전형에 참가하시게 되었습니다.
이에 1차 면접전형에 대하여 다음과 같이 안내하여 드리오니 참석하여 주시면 감사하겠습니다.

– 다음 –

- 면접 일시: 20XX년 X월 X일(○요일) ##시 ##분
- 면접 장소: *****본사(서울 마포)
- 제출 서류: 성적증명서, 졸업증명서 및 서류 사항에 기재한 관련 증빙자료
- 기타 사항: 면접 장소에 30분 일찍 도착해 주시기 부탁드립니다.

서류전형 불합격 통지 예시 ①

안녕하십니까 ○○ 기업 인사팀입니다.
20XX년 상(하)반기 신입 채용에 지원해 주셔서 진심으로 감사드립니다.
귀하의 뛰어난 역량과 잠재력에도 불구하고,
아쉽지만 제한된 모집 인원으로 인해 금번 채용에서 함께할 수 없게 되었습니다.
뜻밖의 결과에 실망이 크시리라 생각되지만,
본 결과는 당사의 인재상과 조금 다른 부분에 대한 판단의 결과이오니,
더 좋은 기회에서 청운의 꿈을 마음껏 펼치실 거라 확신합니다.

귀하께서 제출하신 입사지원서는 당사의 인재 정보에 등록되어 관리되며, 채용 용도 이외에는 사용되지 않음을 알려드립니다. 또한 만일 반환을 원하시면 언제든지 반환받을 수 있습니다.

끝으로 귀하의 앞날에 무한한 발전이 있으시길 진심으로 기원합니다.
감사합니다.

○○ 기업 인사팀담당자 드림

서류전형 불합격 통지 예시 ②

안녕하세요. ○○ 기업(기관) 인사부서 채용담당자 ○○○입니다.
20XX년 상(하)반기 신입직원 공채에 지원해 주셔서 감사합니다.
안타깝게도 이번 채용에서는 귀하를 모실 수 없게 되었습니다.
저 또한 취업 준비생 시절, 수차례 고배를 마셨었습니다.
당시 탈락 문구의 붉은 색깔만으로도 당락을 맞출 수 있었던 정도라,
이렇게 긴 글은 제대로 읽어 보지도 않았었기에,
지금 이 글을 쓰려니 참으로 조심스러워집니다.
그 어떤 말로도 위로가 되지 않음을 알기 때문입니다.
감히 말씀드리자면, 귀하의 역량이 부족하다는 것은 결코 아니니,
오늘의 서류 발표로 너무 상심하시지 않으셨으면 합니다.
보내 주신 이야기 하나하나는 정말 멋진 것들이었습니다.
많은 분들을 직접 뵙고 얘기 나누고 싶었지만,
그중에서도 소수를 선발할 수밖에 없었다는 점 이해를 바랍니다.
한 분 한 분께 피드백드리지 못하는 점 양해해 주시기 바랍니다.
아울러 제출해 주신 개인정보는 하반기 채용이 끝나는 대로 폐기할 것을 약속드립니다.
추후 재지원에 대한 불이익은 없습니다.
더욱 성장한 모습으로 지원하시어, 이후 좋은 인연으로 다시금 만나 뵐 수 있기를 진심으로 바랍니다.
저희 기관도 빠르게 성장하여, 다음 기회에는 더욱 많은 분들을 모실 수 있었으면 좋겠습니다.

○○ 기업(기관)에 많은 관심 가져 주셔서 감사드리며, 앞으로 귀하의 앞날에 행복이 가득하시길 기원합니다. 감사합니다.

○○ 기업(기관) 인사부서 채용담당자 올림

면접전형 합격 통지 예시 ①

안녕하십니까?
○○ 기업(기관) 인사부서 채용담당자입니다.
서류전형 합격자를 대상으로 실시한 실무 면접에 응시하여 합격하셨음을 진심으로 축하드립니다.
○○ 기업(기관) 실무 면접은 ○○ 기업(기관)의 기업 가치에 맞는 도전적이고 창의적인 열린 인재,
성장 잠재력이 뛰어난 인재를 선발하기 위한 과정입니다.

이번 실무 면접에서 패기와 열정을 보여 주셔서 감사합니다.

면접전형 합격 통지 예시 ②

[○○ 기업(기관)] 20XX년 9월 신입 채용 최종합격 안내드립니다.

응시자 여러분, 안녕하세요!
[○○ 기업(기관)] 채용담당자입니다.

20XX년 [○○ 기업(기관)] 신입사원 채용 최종합격을 진심으로 축하드립니다.
어려운 상황 속에서 우수한 역량을 가진 여러분과 함께하게 되어 정말 반갑습니다.
입사에 앞서, 추후 일정 및 안내 사항 전달드립니다. 내용이 많으므로 꼼꼼히 읽어 주시고
기한 내에 작성 완료 바랍니다.

만일 입사 포기를 희망하시는 경우 반드시 본 메일(전화번호)로 회신 바랍니다.
입사 포기자의 모든 정보는 영구삭제됩니다.

면접전형 불합격 통지 예시 ①

안녕하십니까?
○○ 기업(기관) 인사부서 채용담당자입니다.

수험번호 ××××님의 면접전형 결과를 알려 드립니다.
_____ 부문 정규직 채용에 관심을 갖고, 지원해 주셔서 대단히 감사합니다.
금번 1차 면접 시, 지원 부문에 대한 능력과 자질은 높이 평가되었으나 제한된 인원 선발 등
여러 가지 제약 요건으로 함께 일할 수 있는 기회를 드리지 못하게 된 점을 안타깝게 생각합니다.
다음 기회에 더 좋은 결과로 함께 할 수 있기를 바라겠습니다.
대단히 감사합니다.

[○○ 기업(기관)] 채용담당자 올림

면접전형 불합격 통지 예시 ②

안녕하세요, [지원자]님.
[○○ 기업(기관)]의 [채용담당자]입니다.

[직무명]에 관심을 갖고 지원해 주셔서 진심으로 감사드립니다.

이번 [면접전형]에서 보여 주신 능력과 자질은 높이 평가되었으나,
제한된 선발 인원 등의 사유로 불합격하셨음을 안내해 드립니다.

귀하의 우수한 역량에도 불구하고, 회사의 여건상 금번에 모시지 못함을 유감스럽게 생각하며,
앞으로 더 좋은 인연으로 만나 뵐 수 있기를 바라겠습니다.

다시 한번 저희 [○○ 기업(기관)]에 보여 주신 관심과 성의에 진심으로 감사드립니다.

[○○ 기업(기관)] 채용담당자 올림